职业生涯规划

ZHIYE SHENGYA GUIHUA

主　编　刘　滨
副主编　屈晓宁

中国劳动社会保障出版社

简介

本书分为五个模块，主要内容包括自我认知与评估、职业定位与分析、数字技术与职业信息管理、职业生涯人物访谈的准备与实施，以及职业决策与生涯规划。每个模块下设多个课题，内容涉及从价值观的澄清、兴趣的探索、技能的识别，到如何利用数字技术搜集、整理与分析职业信息，再到职业决策的各种方法等，为学生提供了系统的职业生涯规划指南。

本书可作为职业院校与技工院校教学用书，也可作为教师的教学参考用书，以及职场新人和有志于进行职业转型人士的参考用书。

本书由刘滨担任主编，屈晓宁担任副主编。

图书在版编目（CIP）数据

职业生涯规划 / 刘滨主编. -- 北京 ：中国劳动社会保障出版社，2024. -- ISBN 978-7-5167-6648-4

Ⅰ. G718.1

中国国家版本馆 CIP 数据核字第 2024ZW9419 号

中国劳动社会保障出版社出版发行

（北京市惠新东街 1 号　邮政编码：100029）

*

北京市白帆印务有限公司印刷装订　新华书店经销

787 毫米 × 1092 毫米　16 开本　13 印张　238 千字

2024 年 11 月第 1 版　　2024 年 11 月第 1 次印刷

定价：32.00 元

营销中心电话：400-606-6496

出版社网址：https://www.class.com.cn

https://jg.class.com.cn

前　言

本教材旨在帮助职业院校的学生系统地了解自我，进行职业定位，并掌握职业生涯规划的技巧。本教材通过模块化的结构，涵盖了自我认知到职业决策的各个方面，为学生提供了全面的指导和实践工具介绍。希望本教材能成为职业院校学生的良师益友，帮助他们在职业生涯道路上走得更加坚定和自信。

本教材具有以下特点：

（一）结构模块化

教材采用模块化设计，每个模块围绕核心主题展开，层次分明，便于系统学习，主要模块包括：

自我认知与评估：通过对价值观、兴趣、技能和性格的探索，帮助学生深入了解自我。

职业定位与分析：指导学生进行职业岗位和个人胜任力分析，实现职业选择与人岗匹配。

数字技术与职业信息管理：指导学生利用现代化的数字技术和工具进行职业信息的搜集和管理。

职业生涯人物访谈的准备与实施：介绍如何准备与实施职业生涯人物访谈，获取有价值的职业信息。

职业决策与生涯规划：通过使用多种分析方法和模型，帮助学生制定科学合理的职业决策和规划。

（二）方法论与工具

教材提供了多种方法论和实用的工具，帮助学生制订职业发展计划，主要包括：

SWOT 分析法：帮助学生识别自身的优势、劣势、机会和威胁，进行合理的职业决策。

职业生涯决策平衡单：帮助学生评估不同职业选择的利弊，做出最优决策。

SMART 目标设定法：指导学生设定具体的、可衡量的、可实现的、相关的和有时间限制的职业目标。

GROW 模型：提供制订职业发展计划的框架，指导学生设定目标、了解现状、探索选项和制订行动计划。

（三）数字技术内容

教材设置了“数字技术与职业信息管理”模块，强调数字技术在现代职业生涯规划中的重要作用，内容包括：

利用数字技术搜集职业信息：讲解如何使用互联网、职业信息网站和社交媒体高效获取职业信息。

利用数字化工具整理与分析职业信息：介绍如何使用 AI 工具和大数据平台进行信息整理和分析，帮助学生更好地理解行业趋势和职位特点。

（四）理论与实践

教材内容注重理论与实践相结合，通过情境案例、知识拓展、活动拓展和课后作业等形式，增强学生的实际操作能力，帮助学生将所学知识应用于实际的职业规划中。具体实践活动包括：

情境案例：在每个课题中解析职业生涯规划中的典型问题和解决方案，帮助理解理论在实际中的应用方式。

知识拓展：提供对相关知识的讲解和拓展阅读，帮助学生拓宽视野，加深对职业生涯规划的理解。

活动拓展：设计课堂活动，让学生在模拟环境中实践职业生涯规划，提升实际操作技能。

课后作业：通过课后作业，巩固所学知识，强化学生的实践应用能力。

（五）互动性与参与性

教材设计了多种互动性和参与性强的学习活动，激发学生的学习兴趣和积极性，内容包括：

小组讨论：通过小组讨论和交流，促进学生之间的互动和合作，增强学习效果。

职业测评工具：提供多种职业测评工具，帮助学生进行自我评估和职业匹配分析。

编者

2024 年 10 月

目录

目录

模块一
自我认知与评估

学习指引

一、学习目的

通过对本模块的学习，我们可以深入探索和了解自己的价值观、兴趣、技能和性格特质，并能更好地了解自己的内在动力、偏好和潜能，为个人发展和未来的职业规划奠定坚实的基础。

二、学习内容

本模块包括价值观的澄清、兴趣的探索、技能的识别、性格的辨识四个课题，重点在于通过科学化和系统化的方法，让人们从多维度进行自我评估，发掘个人优势和发展潜力。

三、应用场景

本模块的内容将在职业选择、教育路径决策、个人发展规划等多个场景中发挥重要的引导作用，使我们能够在日常生活中更好地管理自我和发展人际关系。

学习目标

1. **了解和识别价值观与兴趣**：能够通过自我探索，清晰地了解自己的价值观和兴趣，认识这些因素是如何影响职业选择和生活满意度的。

2. **掌握技能和性格特质的识别方法**：能够通过有效的工具和方法识别和评估自己的技能和性格特质，包括专业知识技能、自我管理技能、可迁移技能，以及基于 MBTI 性格理论的人格类型。

3. **学会将自我认知与评估应用于职业规划**：能够具备根据自我认知与评估的结果进行职业规划的能力，包括如何根据个人的价值观、兴趣、技能和性格特质选择合适的职业道路和发展策略。

思维导图

本模块的思维导图如图 1-0-1 所示。

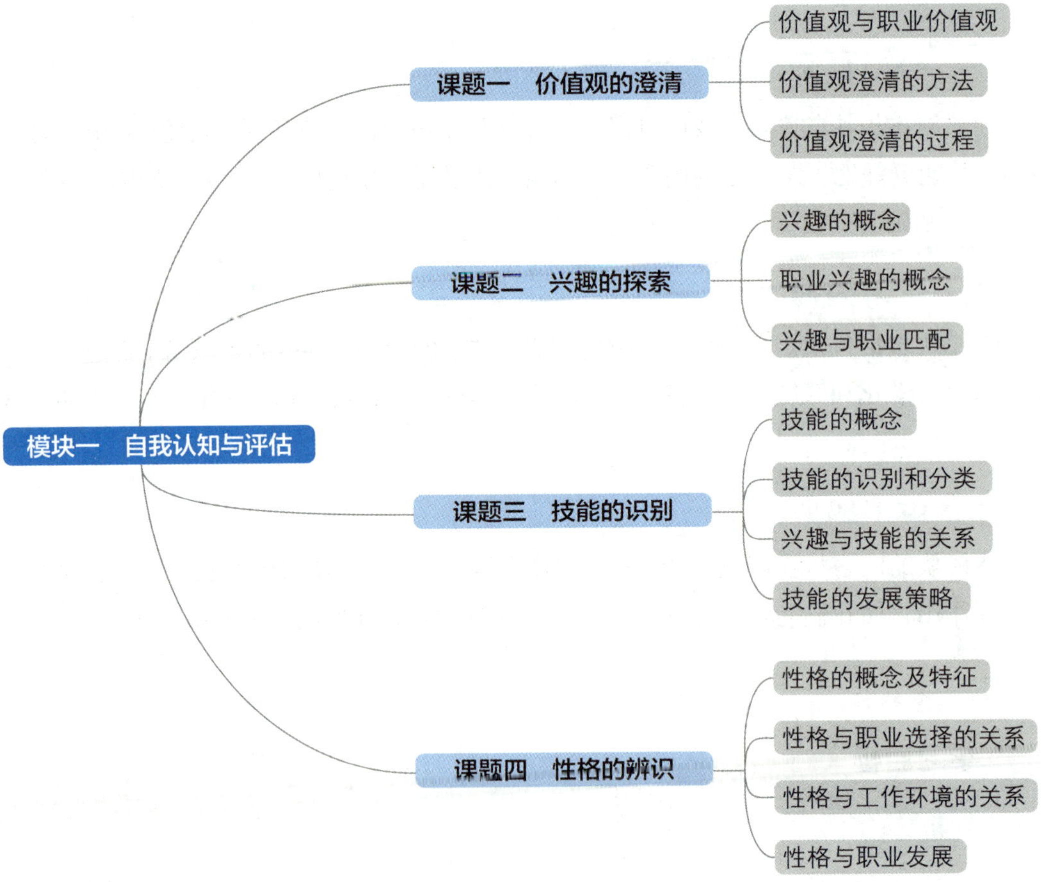

- 模块一　自我认知与评估
  - 课题一　价值观的澄清
    - 价值观与职业价值观
    - 价值观澄清的方法
    - 价值观澄清的过程
  - 课题二　兴趣的探索
    - 兴趣的概念
    - 职业兴趣的概念
    - 兴趣与职业匹配
  - 课题三　技能的识别
    - 技能的概念
    - 技能的识别和分类
    - 兴趣与技能的关系
    - 技能的发展策略
  - 课题四　性格的辨识
    - 性格的概念及特征
    - 性格与职业选择的关系
    - 性格与工作环境的关系
    - 性格与职业发展

图 1-0-1　思维导图

课题一　价值观的澄清

学习指引

在本课题中，我们将深入探讨价值观的概念和类型、价值观澄清的方法，以及价值观在职业规划中的应用。价值观既像灯塔，指引着人们的意志；又像尺子，帮助人们衡量事物，它无时无刻不在影响着我们的行为方式。通过案例分析、自我评估，以及互动讨论，我们将掌握如何在面临重要的职业选择或职业发展决策时，有效地运用价值观对自己进行指导和评估，从而帮助我们更准确地认识自我，明确职业目标，并做出更符合个人期望和价值观的选择。

学习目标

1. 了解价值观与职业价值观的概念。
2. 掌握价值观澄清的方法。
3. 能够利用价值观指导个人的职业规划和职业发展决策。

建议学时

2 学时。

思维导图

本课题的思维导图如图 1-1-1 所示。

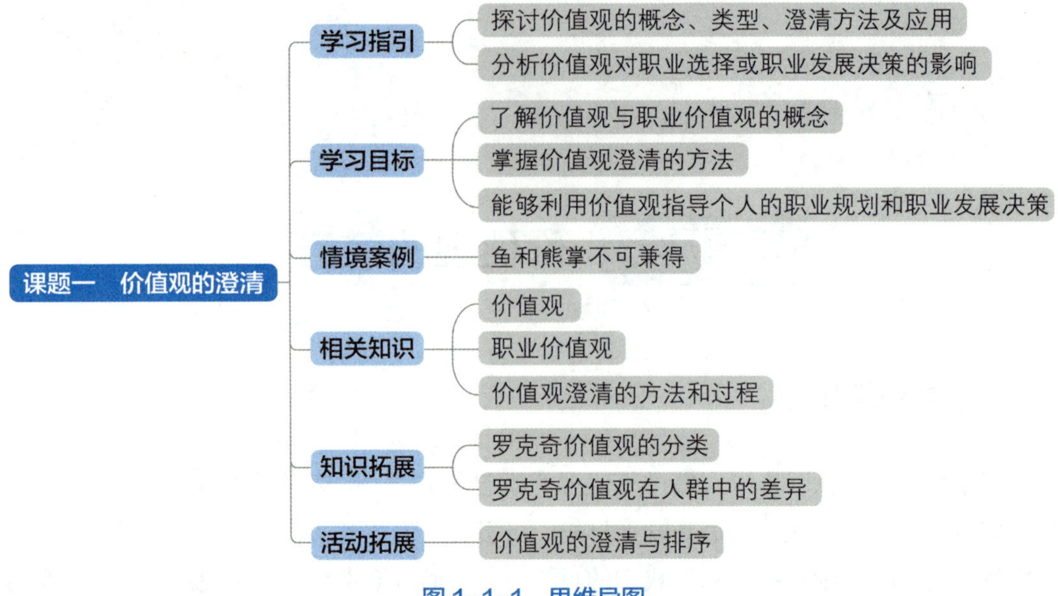

图 1–1–1　思维导图

情境案例

鱼和熊掌不可兼得

小赵是一名某职业院校机电一体化专业的应届毕业生，因其专业技术过硬、综合职业素质强，他在学校毕业生招聘会上获得了两家企业的入职邀请。一家是大型国有数控装备企业，其提供的岗位主要负责数控设备的生产运行和维护工作，工作环境优良，工资待遇优厚，但工作内容较为单一，晋升空间有限。另一家是民营数控设备销售公司，其提供的岗位涉及数控机床的销售与售后咨询工作，工作挑战性大，需要经常加班和出差，收入主要以销售提成为主。

面对这两个职业机会，小赵难以抉择。他认为国有企业稳定、待遇好，但缺乏挑战性和发展空间；民营企业虽然发展机会多，但稳定性较差。于是，小赵决定运用价值观澄清的方法，明确自己对工作的核心期待，并通过个人价值观排序，确定哪个职业更适合自己。

【情境分析】

面对“我不知道该选择什么工作”“工作不符合我的需要”等职业选

择困难问题，关键在于对个人价值观的澄清。价值观对我们的学业、职业发展与生活方式有决定性的影响，因此，明确个人价值观，尤其是职业价值观，是进行职业规划的首要步骤。

相关知识

一、价值观与职业价值观

人从出生开始，在家庭和社会的影响下，会逐渐形成价值观，不同的价值观促成个体独特的行为和态度。职业价值观则反映了个人的人生目标、对职业的理解、工作态度及对职业目标的追求。两者的关系在于，个人价值观决定了人们对工作的看法和职业选择，从而进一步影响职业满意度和职业发展路径；职业价值观是个人价值观在职业选择和职业生涯规划中的具体表现，指导人们追求与其个人价值观相符的职业目标。

1. 价值观的概念

价值观构成了我们识别好坏、辨别是非的心理基础，它是指导与调节个体行为的核心信念和判断标准，影响着我们对世界的理解和反应。这一心理倾向反映了我们对事物价值的判断，塑造了我们的自我认知，并决定了我们的理想、信念、生活目标及追求的方向。在面临选择和决策时，价值观提供了原则和标准，是执行决策判断的核心。

小贴士

社会主义核心价值观

社会主义核心价值观是社会主义核心价值体系的内核，体现社会主义核心价值体系的根本性质和基本特征，反映社会主义核心价值体系的丰富内涵和实践要求，是社会主义核心价值体系的高度凝练和集中表达。它包括国家层面的价值目标、社会层面的价值取向和公民个人层面的价值准则。

国家层面的价值目标：富强、民主、文明、和谐。

社会层面的价值取向：自由、平等、公正、法治。

公民个人层面的价值准则：爱国、敬业、诚信、友善。

个人看重的价值观

（1）安全需求

物质保障和收入：确保有足够的经济资源来支持稳定和舒适的生活。

稳定性和安全感：追求一个可预测和风险最小化的生活环境。

健康：重视身体和心理健康。

工作与生活平衡：强调工作和个人生活之间的平衡，避免过度工作。

（2）社交需求

人际关系和归属感：建立和维护良好的人际关系，感受到被接纳，有归属感。

团队合作：与他人协同工作，共同实现目标。

帮助他人和为社会作出贡献：通过帮助他人实现自我价值，为社会作出贡献。

家庭和亲密关系：重视家庭和亲密伙伴的关系，追求稳定和谐的家庭生活。

（3）尊重需求

认可和尊重：希望在工作和社会中得到认可和尊重。

成就感和成功：追求个人目标的实现，满足成就感和获得成功。

名誉和地位：在社会和职业生涯中追求一定的名誉和地位。

自主独立和权力：追求在职业和生活中的自主决策权，以及能在一定范围内影响他人的能力。

（4）自我实现需求

创造性和多样性：追求在工作和生活中的创新和多样性。

新鲜感和乐趣：探索新事物，享受生活的乐趣。

自由独立：在时间管理和工作任务选择上保持灵活性和独立性。

发挥才能和获得成长机会：利用自己的才能，并通过学习获得成长和发展。

挑战和冒险：接受挑战，不惧冒险，通过竞争实现自我提升。

道德观：追求与个人道德观相符的生活方式。

2. 价值观的意义

（1）个人价值观是职业生涯发展方向的关键决定因素，指导着人们选择与自身价值观相匹配的职业路径。

（2）在职业选择的过程中，价值观的重要性往往超过个人的兴趣、技能和性格，因为它反映了个人的核心信念和生活目标。

（3）面对职业选择中的矛盾和冲突，人们常常根据价值观选择妥协或放弃，因为价值观代表了个人最重视的原则和标准。

3. 职业价值观的概念

职业价值观是指个人人生目标和人生态度在职业选择方面的具体表现，影响着个人对工作的深层次认知和态度，以及对职业目标的向往和追求；具体包括个人对于职业角色的理解、对工作的情感态度，以及对职业成就的追求和期望。

职业价值观不仅指导人们选择与其目标和期望相符的职业路径，也影响人们在职业生涯中的行为模式、对工作的投入程度和绩效表现。通过对职业价值观的认识和践行，人们能够有意识地规划自己的职业生涯，寻找与个人价值观匹配的工作环境和职业角色，从而获得满意的职业和个人成长。

小贴士

职业价值观与工作价值观的区别

在职业规划中，学会区分职业价值观和工作价值观对于提高个人职业满意度和生活质量至关重要。职业价值观和工作价值观在许多方面存在显著差异，有时甚至会导致人们内心的矛盾和冲突。因此，理解这两者的区别，并学会在它们之间找到平衡，是制定明智职业规划和做出正确工作选择的关键。职业价值观与工作价值观的区别见表1-1-1。

职业价值观反映了个人在职业选择和发展中的基本信念和原则，这些价值观一般包括对自我实现的追求、对社会贡献的期望，以及对职业成就的渴望等。

工作价值观则更加侧重于个人在日常工作层面的满足感和实际的需求，比如薪酬待遇、团队氛围、工作地点的便利性等。

总之，职业价值观着眼于个人的职业生涯和长期发展目标，而工作价值观则更关注当前工作环境和适宜的具体工作条件。

表 1-1-1 职业价值观与工作价值观的区别

职业价值观	工作价值观
对社会的贡献 你希望自己工作的贡献在于提高社会整体的健康、教育和福利水平	**晋升** 你希望能够按照预期的步骤晋升，或者直接步入一个更高级的职位；你想避开没有发展前途的工作
机遇 你希望用自己的能力去解决问题，虽然工作不太容易，但它能带给你成就感	**高薪** 你希望自身职业的平均收入比其他职业更高（这里的平均收入指的是最高和最低收入的中间值）
独立 你希望自己做老板，自己做决策，可以没有压力、无拘无束地工作，而不必一如既往地听从指令	**交通便利** 你希望工作地点离家很近，来回不需要很多的时间；你还希望有便捷的公共交通工具，或者能与人拼车
领导能力 你希望领导别人，吩咐他人做事，并对自己及下属的行为负责。当事情出错时，你愿意承担责任	**灵活机动的时间** 你希望有一个灵活的时间表，可以适当调整自己的工作时间
休闲 你希望工作时间短或休假时间长，你感觉在业余时间得到的满足感对你很重要，因此不希望工作打扰你的休闲活动	**福利** 你希望自己的工作能够提供除报酬以外的福利，如医疗保险、培训费补助等
声望 你希望自己的工作能使别人尊重你，愿意听从你的观点，寻求你的帮助	**在职学习** 你希望学习新的知识和技能以便从事更高级的工作，或者享受学习本身的乐趣
保障 你希望工作不要因经济衰退或在技术、社会发展方面的变化而不稳定	**令人愉快的工作伙伴** 你希望与志同道合的人一起工作，他与你有共同的兴趣和观点，易于相处
多样性 你希望参与不同的活动，解决不同的问题，与不同的人交流，到不同的地方工作与休闲，而不是一成不变地工作	**固定的工作地点** 你希望工作地点固定

职业价值观与工匠精神

职业价值观与工匠精神紧密相关，两者都体现了对职业的深度认同和追求卓越的态度。工匠精神的深刻内涵是“执着专注、精益求精、一丝不苟、追求卓越”。

4. 价值观与职业价值观在职业生涯发展中的作用

价值观是一把衡量工作与生活决策的尺子，为人们提供了判断“什么是有价值的”的标准和依据，它指导人们选择特定的行为方式、方法和结果，因而在职业生涯发展中扮演着至关重要的角色。价值观不仅是职业规划的出发点，还对职业选择有决定性影响。

职业价值观则有助于在职业选择中界定哪些因素是优先的或重要的，以及在职业生涯中确定持续追求的目标。它指导着人们在面对工作选择等冲突时做出最终决策，帮助人们在必须做出职业选择时，坚守自己的核心原则，例如喜欢稳定还是寻求挑战，追求平淡还是偏好竞争。

二、价值观澄清的方法

在职业规划中，澄清个人价值观是个体选择满意职业的重要步骤。虽然找到完全符合个人所有价值观的工作可能很难，但通过确定个人价值观并将其排序，我们可以更清楚地了解需要在哪些方面做出取舍。

1. 从他人的角度澄清价值观

在社交互动中，家人、朋友、同学和同事对我们的看法和评价可以提供宝贵的外部视角，帮助我们澄清价值观，特别是可通过围绕“职业选择”话题的开放式对话，促使我们进行深入思考和分析，更好地理解自己对特定行业、职业或岗位的看法。这种通过交流促进思维重组的过程，可以帮助我们逐渐明确个人价值观。

2. 从个人的角度澄清价值观

在面对生活中的重要选择时，人们可以对不同的评价标准进行重要性排序，以厘清思路，明确自己的价值观。这种内省的过程有助于人们清晰地界定个人价值观，明确在不同生活和职业决策中各个价值观的优先级。

综合来说，价值观的澄清是一个涉及内外因素的过程，旨在帮助人们明确自己对工作和生活的期望，从而在职业规划中做出更有意识的决策。通过外部社会的支持和内部自我的反思，人们可以有效地澄清自己的价值观，为选择满意的职业和个人成长路径提供坚实的基础。

三、价值观澄清的过程

价值观澄清的过程涉及选择、珍视和行动三个阶段，共七个步骤，包括在没有外界压力的情况下自由选择价值观、从多个价值观中进行选择、做出深思熟虑的决定、珍视自己的选择、愿意公开承认，以及确定行动与价值观一致，并始终保持这一行动模式。价值观澄清的三个阶段和七个步骤见表 1-1-2。

1. 选择一个价值观

排除外界压力和其他干扰，自由地选择一个价值观，深入思考这一价值观的重要性及其带来的后果。

2. 珍视自己的价值观

发自内心地珍爱自己的价值观，并愿意在适当的时候向他人公开声明自己的选择。

3. 依照自己的价值观行动

按照个人选择的价值观采取行动，并保持一致性。

表 1-1-2　价值观澄清的三个阶段和七个步骤

价值观澄清的三个阶段	价值观澄清的七个步骤
选择阶段	（1）确认它是你自由选择的，你没有受到来自任何人或任何方面的压力
	（2）确认它是从众多的价值观中被挑选出来的
	（3）确认它是你深思熟虑后的选择
珍视阶段	（4）确认你珍爱自己的价值观，或者为自己的选择而感到自豪
	（5）确认你愿意公开向其他人承认自己的价值观
行动阶段	（6）确认你的行动与你选择的价值观一致
	（7）确认你会始终如一地根据自己的价值观行动

知识拓展

一、罗克奇价值观的分类

米尔顿·罗克奇（Milton Rokeach）的价值观系统理论强调：价值观不是独立存在的，而是会按照一定的结构排列，形成一个连续的价值观层次序列。这种层次序列反映了人们对不同价值观的重视程度，从而影响其决策和行为。

由罗克奇编制的罗克奇价值观调查表（见表 1-1-3）是帮助人们理解个体价值观结构的重要工具。其中，罗克奇提出了两类价值观，分别是终极性价值观（Terminal Values）和工具性价值观（Instrumental Values）。

1. 终极性价值观

这类价值观反映了个人或社会追求的理想状态或目标，如幸福、爱和成就感等。在职业规划中，终极性价值观帮助人们明确自己的长期职业目标和生活目的，并指导他们朝着实现这些理想状态的方向努力。

2. 工具性价值观

这类价值观反映了个人在追求终极性价值观过程中应采取的行为方式或手段，包括正直、勇敢和独立等。在职业发展中，工具性价值观指导着人们选择自己的行为模式来实现其终极目标，并影响他们的职业行为和决策过程。

表 1-1-3 罗克奇价值观调查表

终极性价值观	工具性价值观
舒适的生活（富足的生活）	雄心勃勃（辛勤工作、奋发向上）
振奋的生活（刺激、积极的生活）	心胸开阔（开放）
成就感（持续的贡献）	能干（有能力、有效率）
和平的世界（没有冲突和战争）	欢乐（轻松、愉快）
美丽的世界（有艺术和自然的美）	清洁（卫生、整洁）
平等（兄弟情谊、机会均等）	勇敢（坚持自己）
家庭安全（照顾自己所爱的人）	宽容（谅解他人）
自由（独立、自主的选择）	助人为乐（为他人的福利工作）
幸福（满足）	正直（真挚、诚实）
内在和谐（没有内心冲突）	富于想象（大胆、有创造性）
成熟的爱（身体和精神上的亲密）	独立（自力更生、自给自足）
国家安全（免遭攻击）	智慧（有知识、善思考）
快乐（快乐、休闲的生活）	符合逻辑（理性的）
永恒（永恒的生活）	博爱（温情的、温柔的）
自尊（自重）	顺从（有责任感、尊重的）
社会承认（尊重、赞赏）	礼貌（有礼的、性情好）
真挚的友谊（亲密关系）	负责（可靠的）
睿智（对生活有成熟的理解）	自我控制（自律的、约束的）

在职业规划领域，了解自己的罗克奇价值观对于识别职业动机、规划职业路径和提升职业满意度具有重要意义。通过评估自己的终极性价值观和工具性价值观，我们可以制定与自身价值观一致的职业目标，以及选择达到这些目标的有效行为策略。

二、罗克奇价值观在人群中的差异

罗克奇价值观在不同人群中存在很大的差异，相同职业或社会角色的人（如经营者、工会成员、社区工作者）倾向于拥有相同的价值观，不同职业或社会角色的人倾向于持有不同的价值观（见表 1-1-4）。这些差异不仅体现在他们所追求的终极目标（终极性价值观）上，还反映在他们选择实现这些目标的方式（工具性价值观）上。

表 1-1-4　不同职业或社会角色的人拥有的价值观

经营者（创业者）		工会成员（打工族）		社区工作者（志愿者）	
终极性价值观	工具性价值观	终极性价值观	工具性价值观	终极性价值观	工具性价值观
成就感、自尊、家庭安全、自由、快乐	独立、正直、负责、能干、雄心勃勃	家庭安全、自由、快乐、自尊、成熟的爱	负责、正直、勇敢、独立、能干	平等、和平的世界、家庭安全、自尊、自由	正直、助人为乐、勇敢、负责、能干

以上分类说明，虽然不同职业或社会角色的人在某些价值观上可能存在共同点，但他们在实现这些价值观时所采取的方式和重视的价值观则有所不同。例如，经营者（创业者）可能更加重视成就感和独立，而社区工作者（志愿者）则更加看重平等和和平的世界。这些差异强调了在职业规划和人力资源管理中理解个体价值观的重要性，这能更好地满足个体的需求和期望，促进个人和组织目标的实现。

活动拓展

价值观的澄清与排序

在此课堂活动中，我们将探索职场中常见的八种价值观，即高收入、社会声望、帮助他人、稳定性、多样性、独立性、休闲，以及领导他人，并对它们进行排序。此活动旨在深化我们对这些价值观如何影响个人的工作和生活的理解，帮助我们认识哪些价值观对我们而言最为重要。

一、活动目标

1. 理解八种价值观的含义。
2. 根据个人偏好对价值观进行取舍。
3. 按照个人的职业发展目标对个人价值观进行优先级排序。

二、活动时间

15 min。

三、材料准备

1. 准备足够数量的 A4 大小的白纸，每人 1 张，将每张纸裁剪成同样大小的 8 份，制作成小卡片。

2. 在八张小卡片上分别写上八种价值观，即高收入、社会声望、帮助他人、稳定性、多样性、独立性、休闲、领导他人。确保每种价值观都被清晰地标注在单独的小卡片上。

四、活动步骤

1. 确认每张小卡片上都写有一种价值观。

2. 用 1 min 时间，从 8 张小卡片中挑选出 3 张对你而言相对不重要的，将它们撕毁，留下剩余 5 张小卡片。

3. 用 1 min 时间，从剩下的 5 张小卡片中选择 2 张你愿意放弃的，撕毁它们，此时你手上还剩 3 张小卡片。

4. 思考：

这三种价值观对你有哪些特殊意义？

5. 再次思考 1 min 时间，从剩余的 3 张小卡片中选择 1 张你认为可以舍弃的，撕毁。现在你还剩 2 张小卡片。

6. 思考以下两个问题：

（1）当前选择中最令你犹豫、不愿舍弃的是哪个价值观？

（2）你为什么会感到犹豫？

7. 最后思考 1 min 时间，从 2 张小卡片中选择 1 张你最不愿意放弃的，撕毁另 1 张。此刻，你只剩 1 张小卡片。

8. 思考以下问题：

为什么最后留下的这个价值观对你极其重要？

9. 回顾并思考以下问题。

你最珍视的三种价值观分别是什么？（填写在以下方框内）

1. 理由：	2. 理由：	3. 理由：

课后作业

工作价值观量表（WVI）测评

一、测评方法

下面有60道测评题，根据自己对测评题目重要程度的理解，在每一道测评题目后面的括号内打分。通过测评，你可以大致了解自己的工作价值观倾向，为将来的职业选择提供参考。

二、计分标准

“非常重要”计5分，“比较重要”计4分，“一般重要”计3分，“不太重要”计2分，“很不重要”计1分。

三、测评题目

1. 能参与救灾济贫工作。（　　）
2. 能经常欣赏完美的工艺作品。（　　）
3. 能经常尝试新的构想。（　　）
4. 必须花精力去深入思考。（　　）
5. 在职责范围内有充分的自由。（　　）
6. 可以经常看到自己的工作成果。（　　）
7. 能在社会中扮演更重要的角色。（　　）
8. 能知道别人如何处理事务。（　　）
9. 收入能比相同条件的人高。（　　）
10. 能有稳定的收入。（　　）
11. 能有清静的工作场所。（　　）
12. 领导比较善解人意。（　　）
13. 能经常和同事一起休闲。（　　）
14. 能经常变换职务。（　　）
15. 能成为想成为的人。（　　）
16. 能帮助贫困和不幸的人。（　　）
17. 能增添社会的文化气息。（　　）
18. 可以自由地提出新颖的想法。（　　）

19. 必须不断学习才能胜任工作。（　　）
20. 工作不受他人干涉。（　　）
21. 觉得自己的辛苦没有白费。（　　）
22. 能使自己更有社会地位。（　　）
23. 能分配、调整他人的工作。（　　）
24. 常常加薪。（　　）
25. 生病时能被妥善照顾。（　　）
26. 工作地点采光和通风好。（　　）
27. 有一个公正的主管。（　　）
28. 能与同事建立深厚的友谊。（　　）
29. 工作性质常会变化。（　　）
30. 能实现自己的理想。（　　）
31. 能减少别人的苦难。（　　）
32. 能运用自己的鉴赏力。（　　）
33. 常需构思新的解决方法。（　　）
34. 必须不断地解决新的难题。（　　）
35. 能自行决定工作方式。（　　）
36. 知道自己的工作绩效。（　　）
37. 能让你觉得出人头地。（　　）
38. 可以发挥自己的领导能力。（　　）
39. 可以存下许多钱。（　　）
40. 工作有好的保险和福利制度。（　　）
41. 工作场所有现代化设备。（　　）
42. 主管能采取民主的领导方式。（　　）
43. 不必与同事有利益冲突。（　　）
44. 可以经常变换工作场所。（　　）
45. 工作常让你觉得如鱼得水。（　　）
46. 能常帮助他人解决困难。（　　）
47. 能创作优秀的作品。（　　）
48. 常需提出不同的处理方案。（　　）
49. 需对事情进行深入的分析研究。（　　）
50. 可以自行调整工作进度。（　　）

51. 工作结果受到他人肯定。 ( )

52. 能自豪地介绍自己的工作。 ( )

53. 能为团体拟定工作计划。 ( )

54. 收入高于其他行业。 ( )

55. 不会轻易地被解雇或裁员。 ( )

56. 工作场所整洁、卫生。 ( )

57. 主管的学识和品德让你钦佩。 ( )

58. 能认识很多风趣的工作伙伴。 ( )

59. 工作内容随时间变化。 ( )

60. 能充分地发挥自己的专长。 ( )

四、分组计分

对以上打分情况进行分组求和，填写工作价值观量表（WVI）测评统计得分表，见表 1-1-5。

表 1-1-5 工作价值观量表（WVI）测评统计得分表

序号	工作价值观	题目序号	分组求和得分
1	利他主义	1、16、31、46	
2	审美主义	2、17、32、47	
3	创造发明	3、18、33、48	
4	智力激发	4、19、34、49	
5	独立自主	5、20、35、50	
6	成就满足	6、21、36、51	
7	声望地位	7、22、37、52	
8	管理权力	8、23、38、53	
9	经济报酬	9、24、39、54	
10	安全稳定	10、25、40、55	
11	工作环境	11、26、41、56	
12	上司关系	12、27、42、57	
13	同事关系	13、28、43、58	
14	多样变化	14、29、44、59	
15	工作方式	15、30、45、60	

五、小组讨论

从表 1-1-5 的“分组求和得分”列的高分项中，认真地选择三项你最为看重的工作价值观并对它们做重要性排序，通过小组讨论的方式，说明选择这些工作价值观的理由，填写价值观的澄清与排序表（见表 1-1-6）。

表 1-1-6　价值观的澄清与排序表

排序	工作价值观	选择理由
第一重要		
第二重要		
第三重要		

六、测后思考

本次测评帮助我们对工作价值观进行了澄清与排序，除此之外，我们还可以将工作价值观澄清的结果与我们整个职业生涯发展的路径相联系，主要可以从以下几个方面来思考。

1. 匹配

工作价值观量表（WVI）测评可以帮助我们对未来准备从事的工作做出合理选择，因为价值观的满足是维持职业稳定的关键因素之一。

2. 平衡

虽然我们完成了工作价值观量表（WVI）测评，但在真实的职场，没有一个工作可以完全满足我们所有的价值观。在不同的职业生涯发展阶段，我们要学会对价值观进行取舍和重新排序。

3. 适应

价值观的满足建立在个人能力的基础上，当我们考虑个人的价值观时，还要同时考虑组织机构对我们的要求和期待。因此，我们在满足个人价值观的同时，要学会与外部环境（社会价值观、企业文化）和平共处。

4. 接纳

价值观的形成常常与个人的人生观紧密联系，通常指向个人潜意识中的深层需要，

而不是理性的、可以完全控制的。所以，面对不同的价值观，重要的是理解和接纳，而不是对抗和改变。请注意，尊重是接纳的前提，就像我们不愿意被别人改变一样，别人也不愿意被我们改变。

课题二 兴趣的探索

学习指引

在本课题中，我们将在本模块课题一的基础上探讨兴趣在职业选择中的核心作用。价值观为我们指明了职业发展的决策方向，兴趣则为我们注入了热情与动力。本课题将清楚地界定兴趣与职业兴趣的差异，并探讨它们如何与价值观共同促使我们向更高满足感和成就感的职业方向前进。此外，通过学习和使用职业兴趣测评工具，我们将能够识别自己的兴趣类型，做出既符合个人价值观又满足个人兴趣的职业选择。

学习目标

1. 明确兴趣与职业兴趣的概念及其在职业选择中的作用。
2. 学会利用个人兴趣进行职业路径决策。
3. 了解霍兰德职业兴趣理论，利用测评结果进行个人分析。

建议学时

2 学时。

思维导图

本课题的思维导图如图 1-2-1 所示。

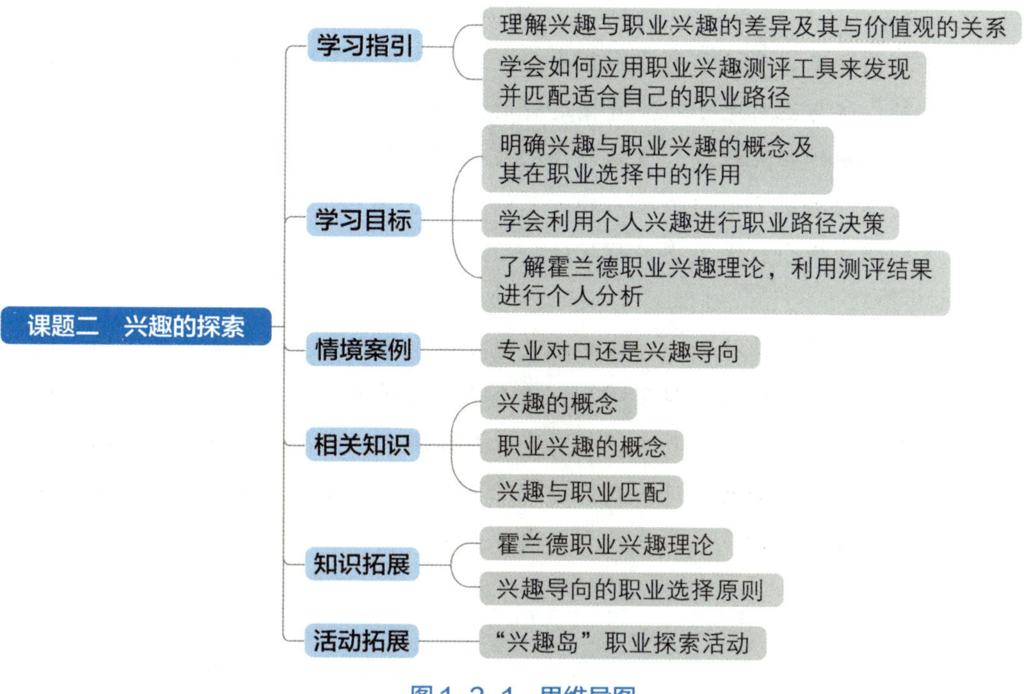

图 1-2-1 思维导图

情境案例

专业对口还是兴趣导向

小钱是一名性格外向、善于沟通并乐于分享的某职业院校物流专业学生，他面临着职业选择的困惑。他虽然热衷于创新和探索创意，经常学习新知识和技能，但对物流专业并不感兴趣。面对是选择专业对口的物流领域工作，还是追求个人感兴趣的电子商务直播运营的工作，他犹豫不决。

小钱的疑虑主要有三点：一是，他担心离开物流领域可能会面临技能和岗位工作不匹配的情况，以及未来职业发展的瓶颈；二是，尽管对电子商务直播运营工作非常感兴趣，但他不确定自己是否适合该岗位和能否在此领域获得良好发展；三是，他在思考除物流和电子商务外，是否存在其他既能符合他的价值观又能激发他兴趣的职业道路。

通过对个人价值观的澄清，小钱明确了创新、创意，以及对工作的热情和满足感是他最重视的价值观。在此基础上，他利用霍兰德职业兴趣测评工具确认了自己在艺术型、社会型及研究型的活动方面有强烈兴趣，这与他对电子商务直播运营的热情完美契合。为了进一步探索兴趣与职业的匹配程度，他参与了相关领域的课程学习和实践。这些实践活动不仅加深了他对个人兴趣的了解，也验证了他的职业倾向，为他未来的职业规划打下了坚实的基础。

【情境分析】

在面临选择专业对口的职业还是追求个人感兴趣领域的工作的困境时，小钱的经历凸显了深入探索个人兴趣对于提高个人职业满意度及提升内在驱动力的重要性，而对个人价值观的认识也在这一过程中起到了支撑作用。兴趣不仅给我们的职业方向提供了动力和热情，也是推动我们主动、持续投入工作的重要内在力量。

相关知识

兴趣是我们行为的内在驱动力和获得快乐的关键来源，它体现为对特定活动的自发追求和持续热爱，不受个人能力或外部评价的限制。兴趣可以分为职业兴趣和非职业兴趣，虽然我们往往能在职业领域找到发展个人兴趣的空间，但并不是所有兴趣都必然能转化为职业活动的一部分。重点在于学会如何平衡职业追求和个人爱好之间的关系，以达到生活和工作和谐的目的。

一、兴趣的概念

兴趣是个体对特定事物或活动展现出的积极态度和情感倾向，它不仅反映了人们个人选择的倾向性，还是驱动个人探索、学习和从事某项活动的内在动力。兴趣的形成和发展受到多方面因素的影响，主要包括以下几点。

1. 遗传与早期经验

心理学研究表明，个人的兴趣可能部分由遗传因素决定，同时早期的生活经验（如家庭环境、早期教育和童年时期参与的活动）对兴趣的形成也有着重要影响，这些因素共同塑造了个体的基本特质和对世界的初步认识。

2. 个人的认识和情感

个人对世界的认知、累积的经验，以及情感反应对兴趣的发展有着关键作用。随着知识的积累和经验的增长，个人可能会发现新的兴趣点或深化现有兴趣。

3. 外部环境的影响

社会文化背景、可获得的参与机会，以及社会评价等外部环境因素对个体兴趣的形成和发展也有显著影响。社会文化决定了某些兴趣被认为是有价值或者合适的，而参与机会的可得性则直接影响个人能否探索和发展这些兴趣。

从职业规划的角度来看，理解和识别个人的兴趣不仅对于提升职业满意度和获得职业成功至关重要，也是个人职业发展规划的基础。通过分析和反思个人兴趣的来源和性质，个体能够做出更符合自身倾向和期望的职业选择，从而实现个人潜能的最大化。

小贴士

兴趣和爱好的区别

兴趣是我们内心对某事物感到好奇和关注的心理状态，通常源于我们的基本需求和欲望，它是我们想要探索和了解某事物的起点。

爱好则是在我们的兴趣促使我们采取行动，比如学习一项新技能或定期进行某项活动时形成的。简单来说，兴趣是我们对某事物感兴趣的感觉，而爱好是我们因为这份兴趣而实际去做的事情，兴趣加上实际的行动就构成了爱好。

因此，兴趣和爱好之间的关系可以概括为：兴趣激发行动，兴趣连带行动共同塑造爱好。

二、职业兴趣的概念

职业兴趣是个体在职业选择和发展中表现出的一种持久的心理倾向和偏好，它反映了个人对特定职业活动的持续兴趣。这种兴趣不仅来源于个体的内在特质，如能力、价值观和性格，也受到成长背景、教育经历和社会文化环境的影响。

明确和理解自身的职业兴趣被视为提升职业满意度和获得职业成功的关键因素。职业兴趣可以引导个体探索与其匹配的职业路径，促进人们在职业生涯中积极参与和持续成长。当个人的工作与其职业兴趣相符时，人们更可能获得高度的工作满意度、更佳的职业稳定性和显著的个人成就。因此，通过评估个人的职业兴趣，我们能够更有目的性地规划自己的职业发展，选择更符合自己兴趣和期望的职业路径，从而在职业生涯中实现个人潜能的最大化和提升满意度。

小贴士

兴趣如何转化为职业能力

将兴趣转化为职业能力是一个涉及认知、学习、实践和反馈的动态过程，以下是将兴趣转化为职业能力的几个关键步骤。

（1）自我探索与认知

识别自己的兴趣领域，利用各种自我评估工具（如霍兰德职业兴趣测评）确定你对哪些职业领域感兴趣。

分析这些兴趣需要的技能和知识，了解将兴趣转化为具体职业能力时，哪些技能和知识是必要的。

（2）教育与学习

根据兴趣领域，参加相关的教育和培训，包括正规教育（如大学课程）、在线课程、研讨会或工作坊等。

积极寻求跨学科学习的机会，因为职业的成功往往需要多方面的知识和技能。

（3）实践与经验积累

通过实习、志愿服务、兼职或项目工作等方式获得实践经验，实际操作是将兴趣转化为职业能力的重要途径。

通过项目实践，展示你的技能和才华，特别是在创意和艺术领域的技能和才华。

（4）交流与反馈

参加行业会议、社交活动或在线论坛，与同行交流，可以获得宝贵的指导和建议。

向导师或行业专家获取反馈，了解自己的强项和待改进的地方。

（5）不断适应与更新

职业世界不断变化，持续学习新技能和适应新情况是我们必须具备的能力。应跟踪行业趋势，更新自己的知识和技能。

（6）自我反思与调整

定期评估自己的职业路径，确保它仍然符合你的兴趣和职业目标。

通过这个过程，我们不仅能够将兴趣转化为职业能力，还能够在变化的职业环境中保持竞争力和满足感。

三、兴趣与职业匹配

在选择职业的过程中，人们往往倾向于寻找与自身兴趣相匹配的职业环境。然而，由于个体通常具有多样的兴趣类型，且单一类型的职业兴趣并不普遍具有显著性，加上职业选择受到多种因素的影响（包括个人实际情况、社会需求及职业的可获得性等），人们并不是总能选择与兴趣完全对应的职业环境。

为实现个人兴趣与职业选择的高度匹配，我们应首先明确自己的兴趣类型，寻找相关的工作机会，并深入分析目标职业对能力的要求，评估自身能力是否满足这些要求。此外，对技术发展、社会需求和行业变动进行深入洞察也是寻找理想工作的关键步骤。当面临无法选择与兴趣高度匹配职业的问题时，我们可以通过以下策略进行调整。

1. 重构

要认识到虽然兴趣与职业的稳定性、满意度和成就感密切相关，但个人兴趣并不一定要完全体现在职业选择上。

2. 平衡

通过培养业余爱好来解决职业与生活中的兴趣匹配问题，寻求工作与个人爱好之间的平衡。

3. 适应

根据职位要求接受培训和提升个人能力，使自身的能力发展与工作需求相适应。

4. 培养

在工作实践中不断发掘或培养新的职业兴趣，保持对职业领域未知方面的好奇心，并勇于尝试新事物。

通过这些策略，即使在兴趣与职业匹配度不高的情况下，我们也能找到提升职业满意度和获得成功的途径，使职业生涯得到积极发展。

知识拓展

一、霍兰德职业兴趣理论

著名心理学教授、职业指导专家霍兰德（Holland）历经长期实践研究，于 1959 年提出了具有广泛社会影响的职业兴趣理论，强调人的人格类型、职业兴趣与选择的职业紧密相关。该理论将人格分为六种类型——现实型、研究型、艺术型、社会型、企业型和常规型，每种类型都对应特定的职业倾向，各人格类型对应的特征及典型职业见表 1-2-1。

表1-2-1　各人格类型对应的特征及典型职业

人格类型 及其兴趣代码	行为表现	人格特质	典型职业
现实型-R （Realistic）	（1）愿意使用工具从事操作性工作 （2）动手能力强，做事手脚灵活，动作协调 （3）偏好于具体任务，更愿意与物打交道 （4）做事保守，较为谦虚 （5）通常喜欢独立做事	（1）讲求实际和实用 （2）喜欢步骤清晰、明确的工作 （3）喜欢可测量的和靠得住的，而非未知和不可预测的	（1）经常使用工具和机器，重视操作技能的工作 （2）要求具备机械方面的才能、体能或与物件、机器、工具、运动器材、植物、动物相关的工作 如：汽车修理工、模具操作工、园艺师、木匠、工程师、外科医生、足球教练员等
研究型-I （Investigative）	（1）求知欲强，肯动脑，善思考 （2）抽象思维能力强 （3）喜欢独立的和富有创造性的工作 （4）知识渊博，有学识和才能 （5）喜欢逻辑分析和推理，不断探讨未知的领域	（1）好奇，批判，刨根问底 （2）注重逻辑和方法 （3）谨慎、理性	（1）需要智力的、抽象的、分析的、钻研的工作 （2）通过观察、评估、衡量等形成相关系统理论，并由此发现和解决新问题的工作 如：科学家、研究员、实验室工作人员、心理学家、工程设计师、大学教授等
艺术型-A （Artistic）	（1）有创造力，乐于创新 （2）渴望表现自己的个性 （3）做事理想化，追求完美 （4）具有一定的艺术才能 （5）善于表达、展示	（1）直觉敏锐，热情冲动 （2）想象力丰富，善于创新 （3）随性，无拘无束	（1）要求具备一定艺术修养的工作 （2）对创造力、表达能力和直觉要求比较高的工作 （3）能将想象力和创造力应用于语言、行为、声音、颜色等表达方式的工作 如：艺术方面（演员、导演、设计师、雕刻家），音乐方面（歌唱家、作曲家），文学方面（小说家、诗人、剧作家）等
社会型-S （Social）	（1）喜欢与人交往，善言谈 （2）热情，善于合作，乐于奉献 （3）善良，有耐心 （4）关心社会问题，有社会责任心，比较看重社会义务和社会道德	（1）察言观色，善解人意 （2）乐于教导或帮助他人 （3）与人为善，乐于合作	（1）与人打交道的工作 （2）为他人提供信息、启迪、教导和帮助的工作 （3）医疗、护理、教育等工作 如：教育工作者（教师、教育行政人员），社会工作者（社工、咨询人员、公关人员），护士，志愿者等

续表

人格类型及其兴趣代码	行为表现	人格特质	典型职业
企业型–E（Enterprising）	（1）追求权力、权威和地位 （2）具有影响力和领导才能 （3）喜欢竞争、敢于冒风险，有野心、有抱负 （4）习惯以利益、权利、地位、金钱等来衡量做事的价值 （5）做事有较强的目的性	（1）精力旺盛，冒险竞争 （2）有计划立刻行动，进取心强 （3）拥有权力，希望引人注意	（1）经营、管理、监督和领导类的工作 （2）有挑战性、有声望的工作 （3）有经济地位和社会地位的工作 如：项目经理、销售人员、营销管理人员、政府官员、企业领导、法官、律师等
常规型–C（Conventional）	（1）尊重权威、流程和规章制度 （2）喜欢按计划办事，细心、谨慎、有条理 （3）习惯接受他人的领导和管理 （4）注重实际	（1）仔细，精确，值得信赖 （2）中规中矩，按部就班，井井有条 （3）不喜欢改变、创新、冒险和领导别人	（1）注重细节、精确度，有系统，有条理的工作 （2）记录、归档、整理的工作 （3）根据特定要求或程序进行信息组织和管理的工作 如：秘书、办公室人员、会计、行政助理、图书馆管理员、出纳员、仓库管理员等

霍兰德认为，个体倾向于选择与其兴趣和人格类型相匹配的职业环境，以期在工作中获得最佳表现和满意度。霍兰德职业兴趣理论对职业指导和个人职业发展规划具有重要价值，可以帮助我们通过理解自己的兴趣偏好来选择最适合的职业路径。

霍兰德职业兴趣的六种基本类型如图 1-2-2 所示。该六边形模型揭示了六种人格类型之间的关系，将六种人格类型以顺时针排列（R—I—A—S—E—C）可以反映个体偏好与职业环境的匹配情况。

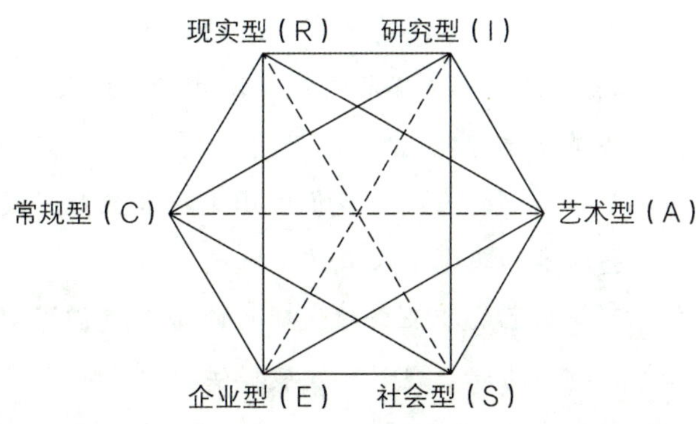

图 1-2-2　霍兰德职业兴趣的六种基本类型

图 1-2-2 中，相邻类型如 R 与 I 或 C，会表现出紧密的关联和相似的特质；相隔类型如 R 与 A 或 E，会表现出中等程度的联系；相对类型如 R 与 S，共同点最少，可能意味着较低的职业兴趣匹配度。以热爱艺术的人为例，他们可能最适合艺术型（A）相关的职业（如设计师），也可能适合与艺术紧密联系的研究型（I）相关的职业（如研究型学者）或社会型（S）相关的职业（如教师），但对常规型（C）相关的职业（如档案管理员）兴趣不大。通过分析，我们可以根据个人兴趣和人格类型做出更合适的职业选择。

小贴士

霍兰德职业兴趣代码

霍兰德职业兴趣理论认为，个人的人格特征和兴趣直接影响职业满意度和成就感。通过霍兰德职业兴趣测评，我们可以获得一个代表我们主要职业兴趣倾向的代码，如“RIA”，其含义如下。

（1）R（现实型）

这类个体偏好与对象、机器、工具等有形事物打交道的工作，他们通常擅长操作和修理，倾向于选择工程师、技术员或建筑师等职业。

（2）I（研究型）

这类个体偏好从事研究、探索和解决问题的工作，他们通常好奇心强，喜欢独立工作，适合科研、医学和其他需要深入分析和思考的职业。

（3）A（艺术型）

这类个体偏好自由、有创造性的工作，如绘画、写作、表演等，他们通常具有较强的创造力和表达能力，追求具有艺术和美的职业。

代码“RIA”意味着个体的职业兴趣首先是现实型，其次是研究型，再次是艺术型。这种组合反映了个体可能同时对实际操作、科学研究和创造性工作感兴趣。理解自己的职业兴趣倾向有助于我们做出更符合自身兴趣和能力的职业选择，从而提高职业满意度和获得个人成就。

在实际应用中，了解自己的职业兴趣代码可以帮助我们探索与自己兴趣相符的职业领域和工作环境，为职业规划和发展提供指导。

二、兴趣导向的职业选择原则

在进行兴趣导向的职业选择时，遵循以下四大关键原则能使我们做出更加明智的决策。

1. 适宜原则

个体应选择与其兴趣类型完全相匹配的职业路径。这种直接的匹配不仅能最大化个体的工作满意度，还能促进职业成就的达成，因为它深度挖掘和利用了个体的天赋与热情。

2. 相近原则

个体可考虑与其主要兴趣类型紧密相关的职业。这些职业与个体兴趣的共通点使个体更容易适应这些领域，并在其中得到成就感和满足感。

3. 中性原则

即使是处于与个体兴趣类型没有直接联系的职业，通过积极地努力和适应，个体也可能实现职业上的成功。这一原则提倡对各种可能性保持开放的态度，鼓励个体探索那些当初看起来与自己兴趣不完全一致的职业领域。

4. 相斥原则

如果个体选择的职业与其兴趣类型完全不符，个体可能会面临适应困难和较低的工作满意度。这种情况下的不匹配与个体的内在价值观和动机相矛盾，可能对职业发展造成阻碍。

通过理解和应用这四大原则，我们能够更精准地进行职业选择，确保所选职业道路与个人的兴趣、能力和价值观相一致，从而在职业生涯中获得更高的满意度和成功。

活动拓展

“兴趣岛”职业探索活动

在此课堂活动中，我们将通过对个人的兴趣和爱好的深入探索，在 6 个代表了不同的职业兴趣领域的虚构岛屿之间做出选择。根据自己的偏好，选出 3 个最吸引你的岛屿，并按照对它们感兴趣的程度将它们进行重要性排序。这一过程不仅会帮助我们更好地了解自己的兴趣倾向，也将为我们未来选择合适的职业道路提供宝贵的参考。

一、活动目标

1. 理解霍兰德职业兴趣理论中的六种人格类型。

2. 根据个人偏好，对职业兴趣进行重要性排序。

3. 学习如何将个人兴趣与职业兴趣相联系。

二、活动时间

20 min。

三、材料准备

1. 准备 6 张设计好的岛屿图片，各带有“R”“I”“A”“S”“E”“C”标注。

2. 准备 6 张座位卡牌，分别标注有“R（行动者）”“I（思想者）”“A（创造者）”“S（助人者）”“E（管理者）”“C（服从者）”。

3. 准备黑板（或白板）、磁贴和 12 色彩色笔（6 组）。

四、活动步骤

活动步骤见表 1-2-2。

表 1-2-2　活动步骤

步骤	具体要求
准备布置	将课桌分成 6 组，每组放置 1 张标有特定文字（如“R 行动者”）的座位卡牌，并在黑板上展示 6 张岛屿图片
岛屿选择	根据自己选择的岛屿的代码找到对应的座位卡牌，分组就座
	引导语：“想象你获得了一次免费旅行机会，可以选择前往“RIASEC”群岛中的任意 3 个岛屿短期居住，每个岛屿停留不少于 6 个月。现在，让我们一起了解这些岛屿吧。” **R 岛——自然手工岛：**一个生态丰富的绿色天堂，拥有广阔的植物园、动物园和水族馆。岛上的居民擅长各种工艺，热衷于亲手操作机器和设备，亲身体验完成各种生活任务的乐趣 **I 岛——知识探索岛：**宁静而人烟稀少的岛屿，图书馆、科技馆和博物馆遍布。岛上有着浓厚的学术氛围，居民热爱深入研究、冥想和探索未知的领域 **A 岛——创意艺术岛：**艺术与创意的中心地带，到处是音乐厅、美术馆和充满创新的空间。岛上的居民不断地寻求灵感，创造出新颖独特的艺术作品 **S 岛——友善合作岛：**一个充满人文关怀和合作精神的地方，岛上的居民性格温和友好、擅长沟通且助人为乐，营造出一个和谐的社区环境 **E 岛——繁荣企业岛：**经济高度发展的岛屿，处处可见豪华酒店、俱乐部和高尔夫球场。岛上的居民以企业家、经理和政治家为主，他们性格开朗，擅长经营和贸易 **C 岛——现代都市岛：**现代化和秩序的典范，高楼大厦林立，社会设施完善。岛上的居民遵守传统，行事严谨细致，注重个人和他人的空间界限

续表

步骤	具体要求
小组讨论	各小组选出一位组长，组织讨论并总结以下问题：为什么选择了这个岛屿？小组成员有哪些共同的兴趣爱好？
海报制作	各小组绘制所属岛屿的宣传海报，并进行小组命名、吉祥物及 LOGO 设计、团队口号设置
成果展示	各小组选派代表展示宣传海报，并介绍小组成员的共同兴趣爱好
教师点评	教师对各小组的成果和展示进行评价和总结

小贴士

兴趣岛对应的六种职业兴趣类型的人格特质

R（行动者）——喜欢自然、运动或使用工具和机械的人。

I（思想者）——充满好奇心，喜欢探索和分析事物的人。

A（创造者）——非常艺术化、有想象力和创造性的人。

S（助人者）——倾向于努力去帮助、教育和服务他人的人。

E（管理者）——喜欢管理项目，以及组织、影响和说服他人的人。

C（服从者）——关注细节，按照指令完成任务和项目的人。

课后作业

霍兰德职业兴趣测评

一、测评方法

霍兰德职业兴趣测评经历多次更新，并在引入中国后进行了本土化修改，更适合国内用户的职业探索需求。为深入理解自己的职业兴趣，在互联网中搜索“霍兰德职业兴趣测评”，选择合适的在线平台完成该测评。测评包含多个版本，适用于不同需求，包括常规版、简易版、职业规划版及职业探索版等。

二、结果解读

完成测评后，我们将获得3个代表自己职业兴趣的代码，并可参考测试结果中提供的职业类型和建议，探索自己的职业兴趣及需求。霍兰德职业兴趣测评可以从以下几个方面进行解读。

1. 兴趣类型的关联性

霍兰德职业兴趣理论认为大多数人的职业兴趣是多种类型的结合，而非单一类型。通过对职业兴趣六边形模型的分析，我们可以了解不同兴趣类型之间的相似性和差异性，如相邻、相隔和相对的关系。例如，“SAI”结果表明，这三种兴趣类型之间存在高度的相关性，这有助于找对职业选择的方向，提高工作满意度和职业幸福感。

2. 兴趣代码与职业选择

以“SAI”结果为例，该结果表明个体的主要兴趣体现为社会型（S），其次为艺术型（A）和研究型（I），在选择职业时，应优先考虑与社会型相关的工作岗位，如有关人际交往和帮助他人的职业，然后结合个人偏好和环境条件，在艺术型和研究型领域内寻找更具体的职业方向。

3. 职业选择策略

根据霍兰德职业兴趣六边形模型，应采用“扬长避短”和“相邻组合”的原则进行职业选择。首先，依据个体主要的兴趣类型寻找对应职业，并有意识地避免与之相对的兴趣类型所对应的职业；其次，探索与主要的兴趣类型相邻的类型，扩大职业选择范围。

请记住，测评结果仅可为个人职业规划提供方向性建议，职业选择是一个需要综合考虑个人兴趣、技能、性格及市场需求等因素的过程，我们应将测评结果作为参考，再结合个人实际情况，做出最适合自己的职业决策。

小贴士

职业测评小知识

在心理学和职业规划领域中，测评是一种常见的方法，旨在深入了解个体的能力、性格、兴趣及其他多方面的特征。精心设计的测评过程可以揭示个体的内在偏好和潜能，为其职业发展和个人成长提供关键的指导。测评分为正式测评和非正式测评。

正式测评又称标准化测评，它在控制的条件下进行，遵循严格的程序和规则，包括明确的实施、计分和解释过程。这类测评通常具有较高的结构性和标准化程度，目的是确保结果的可靠性和有效性。正式测评的典型例子包括霍兰德职业兴趣测评等，这些测评通过标准化的量表来评估个体在职业兴趣等方面的特点。

非正式测评则在更自然的情境中进行，没有固定的标准答案，依赖于施测者的专业经验和技能来分析和解释结果。这类测评通常是开放式的，旨在通过对话、观察或特定活动来探索个体的行为、能力或兴趣。例如，“兴趣岛”职业探索活动就是一种通过互动和探索来了解个体偏好的非正式测评方法。

注意事项：

（1）时间的管理

正式测评应在规定时间内完成，而非正式测评则应确保有足够的时间来进行深入的探讨和交流。

（2）情绪的调节

参与者的情绪状态可能影响测评结果，因此在测评前后参与者应尽可能维持稳定的情绪。

（3）环境的准备

合适的测评环境对于获取准确的测评结果非常关键，应尽量减少干扰因素，创造一个安静和舒适的测评环境。

（4）清晰的指导

无论是正式测评还是非正式测评，施测者都应向参与者明确介绍测评的目的、过程和可能的结果，确保他们对测评有充分的理解。

（5）专业的反馈

测评结束后，提供专业且富有建设性的反馈至关重要，这有助于参与者理解自己的测评结果，并据此做出更合适的决策。

以上基本知识可以帮助施测者和参与者更有效地使用测评工具，从而为参与者提供更加精准和有价值的指导和建议。

课题三 技能的识别

学习指引

在本课题中，我们将在本模块课题二的基础上，深化对个人技能重要性的理解。本课题将解答职场新人常见的困惑，如“我不确定自己具备哪些技能”或“除了专业知识，我不知道还能做什么”，并通过科学化和系统化的方法引导人们识别个人的职业技能。我们将详细学习技能的概念、分类，及其与知识、能力的关系，并结合理论讲解、课堂互动和测评实践，认清和学会发挥个人的优势技能，以便更加有效地选择和匹配适合自己的职业道路。

学习目标

1. 掌握技能的基本概念。
2. 学习如何对技能进行识别和分类。
3. 理解技能、知识与能力之间的区别和联系。

建议学时

2 学时。

思维导图

本课题的思维导图如图 1-3-1 所示。

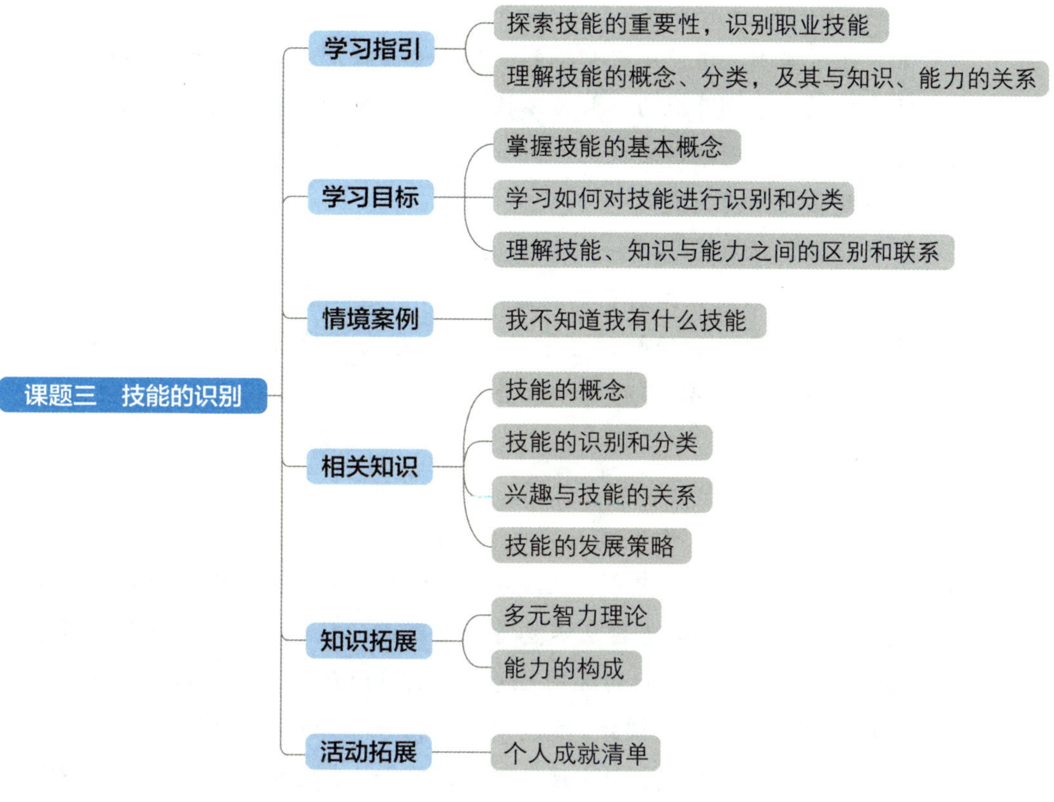

图 1-3-1　思维导图

情境案例

我不知道我有什么技能

小孙是一名即将毕业的某职业院校汽车维修专业学生，他即将参加一家知名汽车 4S 店的面试。面对如何向面试官展示自己的优势技能这一问题，他感到困惑。回顾自己的学习和生活，小孙觉得除了基础的汽车维修技能，自己似乎并无其他显著技能，而且他的篮球和跑步爱好与未来的工作似乎关系不大。

为了充分进行面试准备，小孙采取了一系列行动。首先，他通过自我评估，清楚地确定了自己的价值观、兴趣，以及在专业学习和日常生活中积累的技能；其次，他将自己的技能与汽车 4S 店的职位需求进行匹配。经过深入思考，小孙意识到，除了专业技能，他的爱好所展现的团队合作精神、领导能力和坚韧不拔的品质同样珍贵。同时，他在专业学习中表现出的问题解决能力和对细节的关注等特点，也可以成为他在竞聘中脱颖而出的关键因素。

此外，他还准备了一份详细的个人技能清单，并通过模拟面试练习了如何自信地介绍自己的技能和经历。这一系列准备工作不仅加深了他对自身技能的理解，也增强了他应对面试的自信。结果小孙不仅成功获得了汽车 4S 店的工作机会，还收到了来自几家汽车供应链企业的邀请。

【情境分析】

在澄清了个人价值观并完成兴趣的探索后，技能的识别就显得尤为关键。但在现实情况中，很多人对“技能”这一概念及其分类的理解模糊不清：有些人认为自己不具备职场所需的技能，有些人则难以界定技能、知识与能力之间的区别。这使他们难以识别自身的核心技能，从而在职业选择上遭遇挑战。技能不仅包括专业知识技能，还涵盖自我管理技能和可迁移技能，如沟通、团队合作等。有效的技能识别要求个体进行充分的自我评估，明确自己的优势和需进一步发展的技能，从而更准确地进行职业定位，为职业规划提供坚实基础。

相关知识

一、技能的概念

在心理学和职业发展领域中，技能是指个体通过学习和实践获得的，执行特定任务或活动所需的能力。技能既可以具体且操作性强，如手工艺技能或写作技能；也可以是抽象且认知性的，如解决问题的能力或批判性思维能力。

技能按其应用领域和功能可分为硬技能和软技能。硬技能指的是有技术性或与特定工作直接相关的技能，如编程、机械操作、财务分析等，通常是可以被衡量的，并可通过正式教育、培训或工作获得。软技能则更多地关注人际交往方面，相较于硬技能，它较难量化，如沟通、团队合作、解决问题和适应能力等，这些技能对于建立关系、促进合作和增强团队协作等方面至关重要。

技能的发展是个体在职业生涯中的持续的学习和成长过程，涵盖学习新技能、增强现有技能，以及迁移与应用跨领域技能等。了解和评估技能对于识别职业目标、规划职业路径，以及制定实现目标所需技能的发展策略至关重要。

小贴士

技能、知识与能力之间的区别

在职业发展和个人成长过程中，了解技能、知识与能力之间的区别极为重要，这不仅有助于我们更准确地规划学习路径，还能有效地指导我们的职业规划。以下是对技能、知识与能力三个概念之间区别的详细解释，旨在帮助大家深入理解每个概念的核心特征及其在个人发展中的作用。

（1）**技能**是指个体通过学习和实践获得的，执行特定任务或活动所需的能力。技能可以是操作性的，如编程、写作或机械操作；也可以是认知性的，如解决问题的能力、批判性思维能力等。技能的形成和提升依赖于知识的应用，它是知识转化为实际行动的桥梁。

（2）**知识**是指人们所累积的信息、事实、概念和理论，通常通过学习和经验获得。知识反映了个体对周围世界的理解和认识，是判断和决策的基础。在不断变化的社会和自然环境中，知识的积累是无限的，它为技能的发展和能力的提升提供了理论基础。

（3）**能力**包括个体完成特定活动所需的内在心理素质和潜力，如创新能力、领导能力和适应能力等。能力是在技能和知识的基础上进一步发展出的高级形态，反映了个体在复杂情境中综合运用技能和知识的水平。能力的发展通常比技能的形成更为复杂，它离不开持续的学习和实践经验的累积。

二、技能的识别和分类

在职业发展和个人成长的过程中，精准地识别自己的技能并不断地发展这些技能，无疑是通往成功的重要步骤。技能不仅包括专业知识的应用，更涵盖了广泛的能力，有效地识别这些技能，并提出使用技能的策略和方法，可使我们在多样化的职业环境中优秀地完成任务，发挥出卓越的职业表现。

1. 专业知识技能

专业知识技能是指通过正式教育或专业培训获得的特定领域的知识和能力，这类技能包含明确的培训目标，涉及特定词汇、程序和学科知识的掌握。为了达到专业标准，个体不仅需要广泛学习相关知识，还应参加系统性的训练和实践。

2. 自我管理技能

自我管理技能反映了个体在工作环境中的行为特征和品质，如责任感、时间管理、自我激励等。这些技能通常通过个人的自我认知、模仿他人和内化经验来获得，对职业成功至关重要。它影响着人际关系的处理方式和职业成就的实现，是职场中不可或缺的职业素养。常用的自我管理技能词汇见表 1-3-1。

表 1-3-1 常用的自我管理技能词汇表

学术性强的——勤学的、博学的	机敏的——警戒的、警惕的、警觉的
精确的——准确的、正确的	野心勃勃的——有抱负的、毅然决然的
活跃的——活泼的、精力充沛的	好分析的——逻辑的、批判的
适合的——灵活的、适应的	感谢的——感激的、感恩的
精通的——娴熟的、内行的、熟练的	能说会道的——善于表达的、擅长辞令的
胆大的——勇敢的、冒险的	艺术的——美学的、优美的
攻击性强的——强有力的、好斗的	随和的——放松的、随意的
坚持己见的——强调的、坚持的	有效的——多产的、有说服力的
健壮的——强壮的、肌肉发达的	有效率的——省力的、省时的
留心细节的——观察敏锐的	雄辩的——鼓舞人心的、精神饱满的
吸引人的——漂亮的、英俊的	有感情的——感动的、多愁善感的
平衡的——公平的、公正的、无私的	同情的——理解的、关心的
心胸开阔的——宽容的、开明的	着重的——强调的、有力的、有把握的
有条理的——有效率的、勤勉的	精力充沛的——活跃的、有生气的
平静的——沉着的、不动摇的、镇定的	进取的——冒险的、努力的
正直的——直率的、坦率的、真诚的	热情的——热切的、热烈的、兴奋的
有能力的——内行的、技艺精湛的、熟练的、高效的	富有表现力的——生动的、有力的
慷慨的——乐善好施的、仁慈的	仔细的——谨慎的、小心的
讲道德的——体面的、有德行的、道德的	喜悦的——高兴的、快乐的、欢快的
聪明的——伶俐的、敏锐的、敏捷的	清楚的——明白的、明确的、确切的

续表

竞争的——好斗的、努力奋争的	公平的——无私的、无偏见的
有信心的——自信的、有把握的	有远见的——明智的、有预见的
志趣相投的——愉快的、融洽的	流行的——时髦的、走俏的、现行的
认真的——可靠的、负责的	坚定的——不动摇的、不屈不挠的
考虑周到的——体贴的、亲切的	灵活的——适应性强的、易调教的
前后一致的——稳定的、有规律的	有力的——强大的、强壮的
常规的——传统的、认可的	合礼仪的——适当的、有礼貌的、冷静的
合作的——同意的、一致的	朴素的——节俭的、节省的、节约的
有勇气的——勇敢的、无畏的、英勇的	大方的——慷慨的、无私的、乐善好施的
周到的——有礼貌的、彬彬有礼的	亲切的——真诚的、友好的、和蔼的
有创造性的——新颖的、有创意的	温和的——好心的、温柔的、有同情心的
好奇的——好问的、爱探究的	合群的——爱交际的、友好的
果断的——坚决的、坚定的、明确的	吃苦耐劳的——坚强的、坚韧不拔的
慎重的——小心的、审慎的、精明的	健康的——精力充沛的、强壮的、健壮的
微妙的——机智的、敏感的	有帮助的——有建设性的、有用的
民主的——平等的、公平的、平衡的	有希望的——乐观的、鼓舞人心的
感情外露的——表情丰富的、易动感情的	幽默的——诙谐的、滑稽的、可笑的
可靠的——令人信任的、可信赖的	富有想象力的——有创造性的、有创意的
灵巧的——灵活的、敏捷的、机敏的	独立的——自立的、自由的
婉转得体的——机智的、文雅的、精明的	勤奋的——努力的、忙碌的
独特的——唯一的、个性化的	有知识的——有学者气质的
占统治地位的——发号施令的、权威的	智慧的——聪明的、见识广的、敏锐的
有文化的——博学的、诗意的、好学的	特意的——有目的的、故意的、下定决心的
拘谨的——矜持的、客气的	明智的——聪明的、有判断力的、冷静的
负责的——充分考虑的、成熟的、可靠的	善良的——好心的、仁慈的
反应灵敏的——活泼的、能接纳的	逻辑性强的——理智的、有条理的
自发的——首创的、足智多谋的、冲动的、本能的	忠诚的——真诚的、忠实的、坚定的
敏感的——易受影响的、敏锐的	有条理的——系统的、整洁的、精确的
严肃的——冷静的、认真的、坚决的	小心翼翼的——精确的、完美主义的
精明的——机敏的、爱算计的、机警的	谦虚的——谦逊的、简朴的、朴素的

续表

稳定的——坚固的、稳固的、可靠的	有益于成长的——有帮助的、支持的
高大结实的——强有力的、强健的	观察敏锐的——专注的、留心的、警觉的
耐心的——坚定不移的、毫无怨言的	头脑开放的——接纳的、客观的
平和的——宁静的、平静的、安静的	热心的——热情的、热切的、热烈的
敏锐的——有洞察力的、有辨识力的	有秩序的——训练有素的、整齐的
坚持的——持久的、持续的	独创的——有创造性的、罕有的
有说服力的——令人信服的、有影响力的	随和的——友好的、好交际的、温暖的
爱玩耍的——有趣的、快乐的	充满热情的——狂喜的、强烈的、热心的
泰然自若的——自制的、镇静的	成功的——有成就的、证据确凿的
礼貌的——尊敬的、文明的、恰当的	同情的——仁慈的、温暖的、善良的
积极的——有远见的	有策略的——考虑周详的、慎重的
实用的——有用的、实际的	顽强的——坚持的、坚定的
精确的——详细的、明确的、准确的	理论性强的——抽象的、学术的
多产的——硕果累累的、丰富的	深思熟虑的——沉思的、慎重的
文雅的——文明的、有修养的	宽容的——仁慈的、宽大为怀的
爱说话的——爱发表意见的、善于表达的	坚强的——不动摇的、坚定的
安静的——无声的、沉默的、宁静的	值得信赖的——可靠的、可信赖的
容光焕发的——明亮的、热情洋溢的	真诚的——诚实的、实际的、精确的、坦率的
理性的——合理的、符合逻辑的	善解人意的——了解的、理解的
现实的——自然的、真实的	保护的——警戒的、防御的
沉思的——爱思考的、深思熟虑的	智慧的——明智的、仔细的、聪明的
有德行的——有道德的、模范的	准时的——守时的、稳定的、及时的
温暖的——充满爱意的、慈爱的、友善的	多才多艺的——多技能的、手巧的
迷人的——有魅力的、令人愉快的	精力旺盛的——生机盎然的、充满活力的

3. 可迁移技能

可迁移技能是指那些不仅限于某一专业领域，而是可以广泛应用于不同工作环境的通用技能，如沟通能力、团队合作能力和解决问题能力等。这些技能强调个体在多种工作场合的可适应性和稳定性，是所有技能中最稳定的元素，是个体最能够持续运用和依靠的技能，同时也是用人单位非常看重的技能。常用的可迁移技能词汇见表 1-3-2。

表 1-3-2　常用的可迁移技能词汇表

自我管理与适应技能	适应、忍耐、反应、规划、守时、守纪、独立工作、灵活调整、维持、执行、学习、抗压、情绪管理、数字素养
沟通与人际关系技能	照顾、指导、联系、发现、劝告、咨询、交流、比较、鼓励、领会、审核、协调、说明、激励、帮助、观察、描述、举例、介绍、互动、商讨、传授/指导、面试、决定、领导、说服、提问、推荐、支持、提供、调解、报告、解释、反馈、激发、鼓舞、网络沟通、跨文化沟通、社交媒体使用、虚拟协作、在线演示、数字化沟通
解决问题与决策技能	解决、分析、预测、诊断、决定、研究、解释、决策、应对、推理、批判性思维、系统思维、数据驱动决策
创意与创新技能	创造、发明、改造、创新、设计、发展、改进、探索、概念化、知识应用
管理与组织技能	组织、安排、计划、分类、评估、判断、总结、审核、集中、调解、协调、项目管理、敏捷管理、风险管理、资源管理、远程工作管理
领导与团队合作技能	领导、合作、监督、协助、促进、分配任务、团队管理、激励他人、冲突管理

小贴士

智力技能、技术与功能技能

在当今快速变化的职业环境中，个体的成功和职业发展越来越依赖于对各类技能的精准识别和持续学习，包括两个关键领域——智力技能、技术与功能技能，它们共同构成了职业能力的基础，对于个体在多变的职场中保持竞争力至关重要。

智力技能涉及个体进行认知加工的基本能力，如记忆力、注意力、感知能力、逻辑推理能力，以及信息的分析和综合处理能力等。这些技能是个体有效加工信息、理解复杂概念，以及适应新环境的核心技能，对个体的学习和创新有基础性作用。

技术与功能技能则侧重于个体在特定领域或行业所需的专业技能和操作能力，如工程绘图、软件开发、医疗操作等。这些技能需要通过专业培训和实际操作经验来获得和提升，展现了个体在特定职业领域的专业素养和实践能力。

智力技能、技术与功能技能的融合不仅体现了个体在理论学习与职业实操方面的综合实力，也是推动个体职业发展、应对职场挑战的关键因素。因此，在职业规划中，我们不仅需对自己的智力技能、技术与功能技能进行精准评估和深刻理解，还应制定一套实际可行的技能发展策略，包括积极参加专业培训、累积实践经验，以及持续的自我学习，从而全方位提升自己的技能水平，为职业成长与适应职场打下坚实的基础。

三、兴趣与技能的关系

在职业规划中，兴趣通常被定义为个人对某项活动或领域的自然倾向和喜爱。兴趣可以激发动力，增加个人在某项活动中投入的时间和精力，而技能就是在教育、训练和实践等活动中所获得的特定能力。

兴趣可以是探索职业领域的起点。当一个人对某一领域感兴趣时，他们更有可能投入时间去学习相关的技能，并在这个过程中获得满足感。兴趣可以增强个人在职业发展中的责任感和动力，这是因为人们通常更愿意做自己喜欢的事情。

技能是可学习的，这意味着即使我们一开始对某一技能不感兴趣，也可以通过努力学习成为该领域的专家。有时候，兴趣可能会在我们学习新技能的过程中逐渐发展；随着能力的提升，我们对相关领域的兴趣往往也会增加。

将兴趣转化为技能涉及以下几个关键步骤：

1. 识别兴趣

通过自我探索，识别你对哪些活动或主题感兴趣。

2. 评估相关性

研究你的兴趣如何与现有的或潜在的职业路径相关联。

3. 受教育和培训

寻找提供必要知识和技能训练的资源，如在线课程、研讨会或学位课程。

4. 实践和经验

通过实习、志愿服务或项目工作，将理论知识转化为实践经验。

5. 反思和调整

在学习和实践过程中不断反思，根据反馈和成果调整学习路径。

将兴趣和技能结合，可以帮助我们找到既有意义又能带来职业成就的工作，这种结合不仅能够提升我们的工作效率，还能提高我们的职业满意度和生活质量。通过不断地学习和适应，我们可以将兴趣发展成市场上需求的技能，从而在职业生涯中取得成功。

四、技能的发展策略

在人工智能和技术快速发展的当下，个人的职业发展逐渐依赖于技能的持续发展与终身学习，不论是职场新人还是资深专业人士，都需要不断地自我更新和适应新挑战。技能的发展包括专业知识学习、个人能力提升、新技术掌握，以及跨领域技能整合等方面。

技能的发展策略主要包含以下几点：

1. 教育与专业培训

（1）正规教育：参与学位或认证课程，掌握基础和专业知识。

（2）在线课程与研讨会：通过在线课堂等网络平台参与在线课程和研讨会，学习最新的技术和方法。

（3）专业研讨会与工作坊：加入行业研讨会、讲座，与领域专家互动，获得深入见解。

2. 实践经验

（1）实习与志愿服务：通过实习与志愿服务获取实际的工作经验，将理论知识应用于实践。

（2）项目参与：加入学校或企业的项目，尤其是跨学科项目，增强解决实际问题的能力。

（3）个人项目与研究：发起个人项目或研究，深入探索感兴趣的领域，提升专业理解。

3. 终身学习

（1）自我驱动学习：养成自主学习的习惯，通过阅读最新书籍、文章和报告更新知识。

（2）技能更新与提升：定期审视自己的技能集，识别并学习需要更新或提升的领域。

（3）加入学习社区：参与专业社区，与同行分享学习经验，交流挑战。

4. 反馈与评估

（1）寻求反馈：向导师、同事等寻求反馈，明确自身优势和改进方向。

（2）自我评估：定期进行自我评估，制定学习目标并追踪进展。

5. 适应性与灵活性

（1）培养适应性：适应技术和行业的变化，培养适应新环境、技术和工作模式的能力。

（2）跨领域学习：探索与专业相关或互补的领域，激发创新思维，丰富自己的技能集。

通过实施以上策略，我们可以有效地规划学习路径，提高个人竞争力，为未来的职业生涯奠定坚实基础。

小贴士

人工智能时代的技能发展

在人工智能（Artificial Intelligence，AI）和自动化技术不断进步的今天，相关技能变得比以往任何时候都更加重要。这些技能包括但不限于：

（1）批判性思维和解决问题的能力

AI 可以处理大量数据并执行任务，但批判性思维和解决复杂问题仍然需要人类的直觉和创造力。

（2）人机交互能力

随着 AI 技术的普及，能够有效与智能系统交互，以及管理和优化这些系统的能力变得尤为重要。

（3）终身学习和适应能力

技术的迅速变化要求个体能够持续学习新技能，并适应新的工作方式和环境。

（4）情商和人际沟通能力

人工智能可能无法完全复制人类的情感智能，包括同理心、情绪管理和人际沟通等能力。

为了在 AI 时代保持竞争力，个人需要重视这些技能的发展，并寻求持续学习和自我提升的机会。

知识拓展

一、多元智力理论

教育家、心理学家霍华德·加德纳（Howard Gardner）认为，智力是一组独立能力的集合，它们共同赋予个体在其所处的特定文化环境中解决问题与创造价值的能力，至少包括：

1. 语言智力：涵盖对口头和书面语言的有效运用能力，如阅读、写作、叙事和记忆。

2. 音乐智力：指理解音乐和创造音乐的能力，包括对节奏、音调、旋律和音色的感知与应用。

3. 逻辑数学智力：包括进行抽象思维、解决问题和逻辑推理的能力，以及数学运算和对逻辑关系的理解。

4. 空间智力：指在心智层面进行三维思考的能力，如能够创造和理解视觉或空间信息。

5. 身体运动智力：通过身体动作表达思想和情感，以及精确操纵物体的能力。

6. 人际交往智力：理解和与他人有效互动的能力，涉及对他人情绪、意图、动机的感知和响应。

7. 内省智力：深刻理解自我内心世界的能力，包括认知个人的长处与短板，以及预测个人反应或情绪。

8. 自然观察智力：在自然环境中识别和分类特征，并利用这些特征的能力。

加德纳教授的多元智力理论为我们提供了对人类智力复杂性深刻洞察的依据。这些不同类型的智力展示了人类适应和创新的多样途径，也为教育实践和个人发展提供了更广阔的视角。在此框架下，每个个体都拥有独特的智力组合，每种智力都有可能成为个体成功的关键。

二、能力的构成

能力是影响个体活动效率和能否成功完成任务的关键特征，其形成和发展与社会生活紧密相连，也与要完成的具体活动紧密相关。离开具体的活动环境，个体既无法展示自己的能力，也无法促进自身能力的发展。

从应用场景来看，能力可以分为一般能力和特殊能力。一般能力如观察、记忆、思维和想象等，在各种不同活动中均能体现，是完成所有活动的过程中必不可少的基础能力。特殊能力则是在特定专业活动或职业中体现的能力，如财务人员所需的数字运算和统计分析能力。一般能力和特殊能力的发展相互促进，它们对于个体的职业发展同等重要。

从获得途径来看，能力可以细分为流体能力和晶体能力。流体能力主要体现在信息处理和问题解决的过程中，较少受到学习和环境的影响，更多依赖于个体的先天条件。相反，晶体能力则经由学习和经验来获得，如数学和语言等。

从呈现方式来看，能力可分为模仿能力和创造能力。模仿能力是观察他人行为并吸取经验，然后以相似方式进行反应的能力。创造能力则是指利用创新思维不断产生具有经济和社会价值的新思想、理论、方法和发明。

活动拓展

个人成就清单

在此课堂活动中，我们将深度挖掘并分析自己成长过程中的关键成就事件，并从这

些事件中提取个人的关键技能，通过对这些技能进行定义、分类和排序，我们可以理解个人成就与技能发展之间的联系，在职业选择上做出更加明智的决定。

一、活动目标

1. 通过回顾个人成就事件，挖掘并识别关键专业技能和软技能。
2. 分析技能发展轨迹，理解如何应用和提升技能。
3. 对技能进行分类并设定优先级，区分短期重点技能和长期关键技能。

二、活动时间

20 min。

三、材料准备

每人 1 份个人成就清单，见表 1-3-3。

表 1-3-3　个人成就清单

序号	时间	成就事件描述	理由	技能关键词
例	初中一年级（13 岁）	撰写的作文经常作为范文在全班传阅并荣获市级作文比赛一等奖	文字表达能力强	写作（专业技能）
1				
2				
3				
4				
5				
6				
7				

续表

序号	时间	成就事件描述	理由	技能关键词
8				
9				
10				

四、活动步骤

活动步骤见表 1-3-4。

表 1-3-4　活动步骤

步骤	具体要求
活动介绍	教师分发个人成就清单，并朗读引导语，激发我们对个人成就的回顾和思考。引导语应鼓励我们深入思考并列举自身成长过程中最具影响力的 10 个成就事件 【引导语示例】在我们的成长旅程中，每个人都有一些标志性的成就时刻，这些时刻揭示了我们的潜力和才能。今天，请同学们深入回忆，挑选出自身成长过程中最具影响力的 10 个成就事件。这不只是对过去成就的回顾，更是挖掘和认识自我技能的机遇。通过分析这些成就，我们将识别个人的关键技能，进行评估和分析，为未来的职业发展奠定坚实的基础。
事件记录	根据具体填写示例，详细记录每个成就事件的时间、要素和结果，并从这些描述中提炼出关键技能词汇
小组分享	在小组内分享自己的个人成就清单，彼此了解和学习
技能分析	各小组选取 1 位代表在全班面前分享自己的成就清单，并在教师的引导下，对展现出的技能进行定义、分类和排序
综合点评	教师总结分享内容，对各小组的成就事件及其相关技能进行点评，强调技能发展在职业规划中的重要性，并鼓励学生持续发展个人技能

五、个人反思与未来规划

1. 技能自评：回顾并列举我们认为自己喜欢且擅长的前三项技能，并为它们进行优先级排序。

第一技能：____。

第二技能：____。

第三技能：____。

2. 目标设定：基于我们的技能自评，明确未来学习和职业生涯中发展这些技能的短期和中期目标。

短期目标（接下来 1 年内）：__________________________________。

中期目标（未来 3 年内）：____________________________________。

3. 行动计划：详细规划我们实现上述目标的具体步骤和所需资源。

步骤 1：____。

步骤 2：____。

步骤 3：____。

所需资源：____。

课后作业

职业技能分类卡

一、测评方法

根据下列职业技能分类卡（见表 1–3–5）中对职业技能的描述，从 51 个常见的职业技能中选出与测评要求对应的技能，完成个人职业技能的分类。

1. 基于自己的技能水平，将技能分为“非常胜任”“比较胜任”和“不胜任”三类。

2. 根据个人偏好，将上述被分类的技能进一步划分为五个意愿等级，即“非常愿意使用”“比较愿意使用”“愿意使用”“最好不使用”和“不愿意使用”。

表 1–3–5　职业技能分类卡

（1）书面信息获取：从书面资料研究中获取信息。
（2）创意：通过思考、构想、遐想和头脑风暴的方法产生新的想法。
（3）写作：撰写报告、信件、文章、广告、故事或教育资料。
（4）概念化：构思并酝酿出新的概念和思想。
（5）分析：用合乎逻辑的方法分解和解决问题。
（6）归纳总结：整合概念和信息，使不同的元素形成系统的整体。
（7）发明：产生新观点或整合现有观点以获得新成果。
（8）观察：按科学的方法研究、细察或检测数据、人或事。

续表

(9) 持续记录：通过日志、台账、表格等方法保持信息的更新。
(10) 事务管理：协调事件，做好后勤安排。
(11) 处理数字：使用计算、演算、组织等方法解决与数字、数量相关的问题。
(12) 多任务管理：协调多个并发任务，使之有效地被执行。
(13) 想象：容易想象出事物的各种可能性。
(14) 在线收集信息：通过搜索引擎或互联网收集、组织信息和数据。
(15) 归类：对人、事或资料进行分组、归类或组合。
(16) 制定战略：为成功达到目标制定有效的计划或长期战略。
(17) 决策：对重要、复杂的事件做决策。
(18) 测评：测量熟练度、质量或有效性。
(19) 直觉：洞察和远见能力。
(20) 适应变化：轻松且快速地适应工作任务与环境的变化。
(21) 应对模糊情景：能有效地应对缺乏清晰性、结构性和确定性的问题。
(22) 临场发挥：在无准备的情况下有效地思考、演说或行动。
(23) 时间管理：确定任务的优先顺序，做好安排，保证任务的及时完成。
(24) 评价：对可行性或质量进行测量、评估和鉴定。
(25) 校对、编辑：检查书面材料的体裁及其中的词汇使用是否正确，并改正错误。
(26) 估价：对价值或成本进行评定。
(27) 计划、组织：确定项目目标、制订计划并推进。
(28) 调停：管理冲突、和解分歧。
(29) 激励：使他人充满动力、积极投入，做出最佳表现。
(30) 公关：保持与个人或团队间的联系。
(31) 指导：为新手提供教导、训练或咨询。
(32) 教导、培训：对学生、员工或客户进行说明、解释和指导。
(33) 客户服务：有效解决客户提出的问题、应对客户挑衅，最终使客户满意。
(34) 咨询：通过指导、建议或训练他人，促使其成长。
(35) 情绪处理：善于处理自己的情绪，如适当向他人倾诉；善于倾听、接纳别人；可以控制愤怒，保持冷静，有适时的幽默感。
(36) 推进：加速生产或服务，解决纷争，使流程顺畅。
(37) 引导变革：施加影响，改变现状，并运用决断力或领导力引导新的方向。
(38) 监控：追踪和控制人或事的发展趋势。

续表

（39）谈判：为权利或利益讨价还价。 （40）执行：根据制度和计划安排行动。 （41）授权：通过将任务分配给其他人的方式来有效工作。 （42）团队合作：易于与他人合作完成工作。 （43）销售：使客户认可个人、公司、产品或服务的价值，以增加销售金额。 （44）质询：在交流中通过提问捕获关心的主题。 （45）督导：对他人的工作进行监督和指导。 （46）设计：对程序、产品或环境进行构建与创新。 （47）绘画：素描、绘制插图和油画、拍摄照片等。 （48）娱乐、表演：为他人进行演唱、舞蹈、演奏等表演，或在大众面前阐述观点和演讲。 （49）预算：更经济、有效地使用金钱或其他资源。 （50）机械使用：装配、调试、修理发动机或其他机械。 （51）计算机技能：利用计算机软件推进、完成任务和项目。

3. 填写职业技能分类识别表（见表 1-3-6）。

表 1-3-6　职业技能分类识别表

个人偏好	技能水平		
	非常胜任	比较胜任	不胜任
非常愿意使用			
比较愿意使用			
愿意使用			
最好不使用			

续表

个人偏好	技能水平		
	非常胜任	比较胜任	不胜任
不愿意使用			

4. 根据测评结果，回答以下问题。

（1）我非常胜任的3个职业技能是什么？

1）________________2）________________3）________________

（2）我比较胜任的3个职业技能是什么？

1）________________2）________________3）________________

（3）我不胜任的3个职业技能是什么？

1）________________2）________________3）________________

二、结果解释

通过完成职业技能分类识别表，我们能快速了解自身职业技能的强弱水平及对使用这些技能的意愿程度。这一过程不仅有助于我们结合自我评估的各方面结果（如价值观、兴趣等）来明确未来的职业发展方向，也能促使我们有针对性地对照期望职位的需求进行技能提升，增强职业适配性。

课题四　性格的辨识

学习指引

在本课题中，我们将探讨个人性格特质对职业选择的影响，以及如何通过深入了解自己的性格类型来避免职业选择中的常见陷阱。本课题的内容包括性格的概念和特征，性格与职业选择之间的相互作用，以及如何应用 MBTI 性格理论来识别和理解自己的性格。通过这一课题，我们能够识别自己的性格优势和潜在的职业挑战，以便找到与自己性格相符的职业道路，从而做出更加明智的职业规划决策。

学习目标

1. 掌握性格的概念及特征。
2. 明确性格与职业匹配的重要性。
3. 识别气质类型并将其应用于个人职业规划。
4. 学习并应用 MBTI 性格理论。

建议学时

2 学时。

思维导图

本课题的思维导图如图 1-4-1 所示。

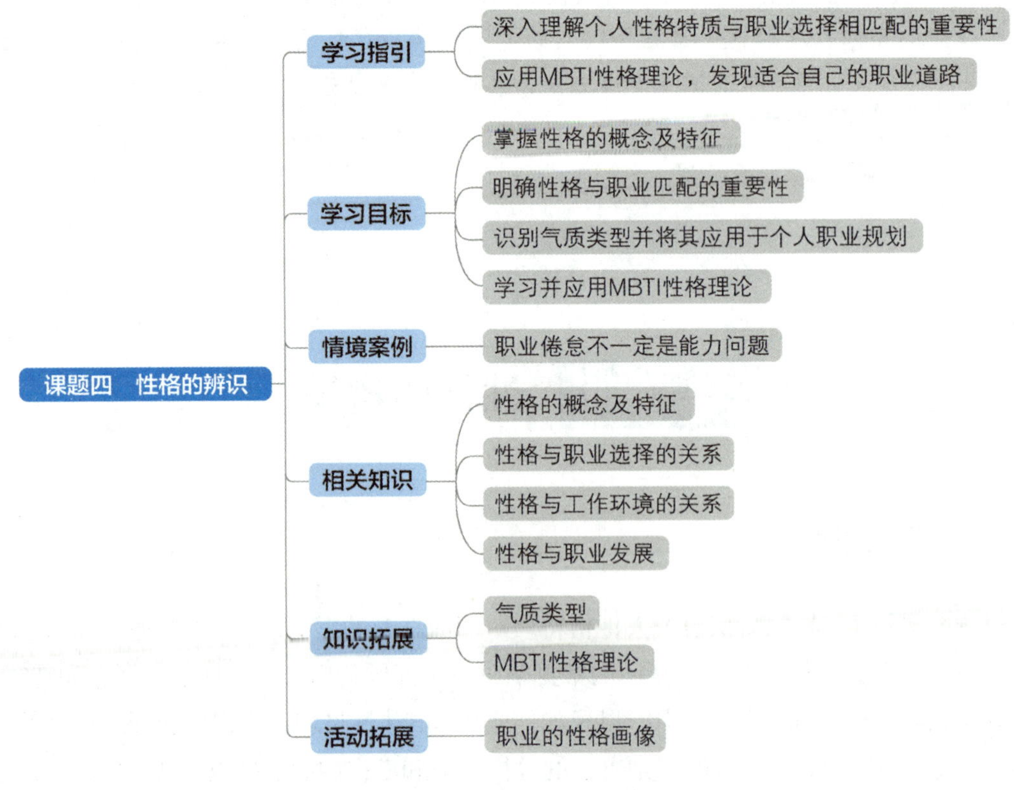

图 1-4-1　思维导图

情境案例

职业倦怠不一定是能力问题

小李是一位来自某职业院校数字媒体技术专业的毕业生，他对探索新事物充满热情，喜欢与人交流，这种性格使他在学习和实践中都表现出色。小李对自己的价值观有清晰的理解，并通过不断地探索，找到了自己的兴趣所在，同时，在3D数字建模领域展现了突出的技术技能。这些优势为他赢得了加入一家知名数字媒体公司的机会。

然而，在小李深入参与公司的一个重大项目后，因为需要长时间地面对计算机进行3D数字建模工作，他逐渐变得内向和沉默，这不仅影响了他与同事的交流，也影响了工作的质量。面对这些挑战，小李开始怀疑自己是否适合当前的工作岗位，甚至考虑过换岗或跳槽。经过深思熟虑，小李认识到，他面临的挑战并非完全是由能力不足引起的，更多的是性格变化和岗位不匹配造成的。

为了克服以上挑战，小李采取了几项关键策略：首先，他通过在线课程提升了自身的沟通技巧，然后咨询职业规划师以求找到更合适的岗位。同时，他通过参与社交活动增强了自身的团队合作能力。最终，他申请调岗，转到了一个更重视团队协作和创意的部门。在这个新岗位上，他不仅更有效地发挥了自己的社交和创新思维能力，还重新点燃了对工作的热情和满足感。这段经历让小李深刻理解到职业成功不仅依赖于专业技能，性格与岗位的匹配同样关键。

【情境分析】

小李的经历反映了许多职场新人面临的难题——他们常常错误地将工作中的压力、倦怠和未能达到的业绩预期归咎于自身能力的不足，却未能意识到性格与职业适配性的重要影响。除了考虑个人的价值观、兴趣和技能，深入了解并匹配自己的性格特质和职业道路同样关键。性格与职业的适配不仅能显著提高工作满意度，还能增强职业稳定性和个人成就感。因此，对我们来说，深入理解性格在职业选择和职业成功中的作用，是向着职业发展和个人成长迈进的关键一步。

相关知识

一、性格的概念及特征

性格是个体对现实的稳定态度和习惯化行为方式的总和，表现为个体独特的心理特征，其形成受到社会环境和生物学因素的共同影响。性格特征的核心可归纳为以下四个方面。

1. 态度特征

态度特征反映了个体对他人和环境的看法及行为方式，突显出个人的价值观和行为倾向。例如，对工作持有认真和负责态度的人，会对任何被分配给他的任务投入极大的努力和注意，这体现了他对劳动的重视和对职责的忠诚。

2. 理智特征

理智特征反映了个体的信息处理、决策制定和思考的模式。例如，分析型的人可能会深入挖掘问题的细节并逐步将其解决，而综合型的人则可能更擅长从整体视角快速整合信息以做出判断。

3. 情绪特征

情绪特征包括个体情绪反应的强度、稳定性和变化模式的差异。例如，一些人可能在压力下情绪波动较为明显，难以保持镇定；相反，另一些人则可能即使在挑战面前也能保持情绪的稳定。

4. 意志特征

意志特征反映了个体在遭遇难题和挑战时的坚持力和决策能力。例如，高自制力的人能在面对诱惑时坚定不移，而果断的人在需要迅速做出决策时能够快速辨识是非，果断行动。

通过深入理解和运用这些性格特征，我们不仅能够更加准确地认识自己，还能在职业规划和日常生活中做出更为合适的选择。

小贴士

价值观与性格的关系

价值观和性格构成了个人的世界观和行为模式的基础，它们对职业选择、职业满意度及成功有着深远的影响。个人的价值观影响其性格表现，性格特征也塑造个人的价值观，这两者共同指导职业道路的选择与发展。

（1）价值观与性格的相互影响

个人的价值观影响性格的外在展现，而性格特征也决定了价值观的形成和实现路径。

（2）价值观与性格在职业选择上的匹配性

最适合的职业路径可达成个人价值观、性格特征与职业需求、工作环境之间的良好匹配，这种匹配是提升个人职业满意度和获得成功的关键因素。

（3）价值观与性格可促进自我发展

对自身价值观和性格的深入了解可以帮助人们更有效地规划职业生涯，选择与内在驱动力和性格相符的职业，从而提升个人职业满意度和实现个人成就。

（4）价值观与性格可促进个人与组织的匹配

明确和了解个人的价值观和性格，有助于我们寻找满足自身内在需求和展示个人优势的职业机会，同时也促进个人与组织的良好匹配。

二、性格与职业选择的关系

性格作为个体人格的核心组成部分，深刻影响着人的心理和行为，对职业发展也有决定性的作用，它决定了个体对工作环境的适应方式及其行为表现。

首先，性格与职业选择之间存在密切的联系。通常情况下，人们会倾向于选择那些能够映射自己性格特质的职业环境。不匹配的职业可能导致人们在工作中产生不适和挫败感，进而影响工作效率和个人的幸福感。例如，外向的人在需要团队合作和频繁社交的工作中可能更为成功，而内向的人在需要独立和集中思考的工作中可能表现更佳。因此，深入了解自身的性格特质，并将其与职业要求进行匹配，是达到职业满意和成功的关键。

其次，性格在职业成长中的重要性甚至超过了技能和能力。技能和能力的不足可以通过学习和培训来弥补，性格与职业的不匹配问题则难以解决。因此，许多企业在招聘过程中非常重视性格评估，以确保应聘者的性格与岗位需求及企业文化相符合，这不仅关系到个人在职业生涯中的表现，还影响着团队和组织的整体和谐。

最后，尽管性格本身没有绝对的优劣之分，但在特定的职业环境中，某些性格特征可能更受欢迎或更有优势。职业心理学研究显示，不同职业倾向于吸引具有不同性格特征的人，这有助于个体在该领域取得成功和获得满足感。例如，管理职位可能更适合那些果断、自信的人，而研究职位则可能更适合那些有好奇心、细致的人。

总之，理解性格与职业选择之间的关系对于我们来说至关重要。通过认识自我性格特质，我们可以更明智地选择适合自己的职业道路，找到既能发挥个人优势又能带来职

业满意度和成就感的工作岗位，这种自我认识不仅是职业成功的关键，也是个人成长和潜能实现的基石。

三、性格与工作环境的关系

在职场中，理解自身性格特质及其与工作环境之间的关系显得尤为关键，性格与环境的正确匹配不仅能够显著提高个人的职业满意度，还能有效提高工作效率和团队协作效果。性格特质对于个人在特定工作环境中的表现有着直接影响，例如，外向的人往往在团队合作和社交互动频繁的工作环境中发挥得好，他们能够在这种动态的工作场所中展示出色的社交和协作能力；与此相反，内向的人则在较为安静和独立的工作环境中表现更佳，他们能够更加专注于深度思考和解决复杂问题。识别自己的性格倾向，能够帮助我们选择或创造最适合自己的工作环境，以充分发挥自己的职业潜力。

四、性格与职业发展

1. 性格强项与发展

每种性格类型都有其固有的优势和成长空间。例如，外向的人在沟通和团队行动方面拥有天然优势，而内向的人则在独立思考和细致分析上表现卓越。通过识别并运用这些性格强项，个体能够更有效地达到职业目标和实现个人成就。同时，积极改善性格也同样关键，例如，外向的人可以通过培训沟通技巧来增强倾听技能，内向的人则可以通过团队建设活动来提升团队协作能力。

2. 性格变化与发展

虽然性格特质具有一定的稳定性，但个人通过自我反思和有目的地实践仍可实现性格的变化。参与职业培训、心理咨询，以及自我提升活动，个体能够发展新的行为习惯和思维模式，进而优化性格特质。例如，冲动的人可以通过学习时间管理和自我监控技巧来提高自控力，内向的人则可以通过社交技能培训和团队合作活动来增强社交能力。这些不仅证明了性格的可塑性，也展示了个人通过持续的努力能够在职业和生活中达成更高的适应性和满意度。

知识拓展

一、气质类型

在心理学领域，气质指的是个体固有且稳定的心理和生理特性的集合，它决定了个体对环境刺激的反应模式和行为习惯。作为人格的底层结构，气质主要受遗传因素的影响，是个体性格发展的先天基础。气质的核心维度包括活动水平、情绪反应性、适应速度、注意持续性及社交倾向（如内向型和外向型等），个体在这些维度上的特定组合定义了其独特的气质类型，从而为心理活动和行为赋予了其个性化的特征。

传统的气质类型分类（如希波克拉底的四气质理论将气质分为胆汁质、多血质、黏液质和抑郁质，气质类型与对应的职业选择见表1-4-1）为理解人类行为奠定了基础框架，现代心理学则更倾向于基于细致观察和科学研究的分类系统，如托马斯和切斯提出的九维度气质模型，它涵盖了活动量、规律性、初次反应强度、适应性、感官阈值、情绪反应强度、注意分散性、活动持久性和情绪倾向等维度。

表1-4-1　气质类型与对应的职业选择

气质类型	外显特点	适合的职业
胆汁质	胆汁质的人大都热情、直爽，精力旺盛，脾气急躁，心境变化剧烈，易动感情，具有外倾性。胆汁质的男生多表现得敏捷、热情、坚毅，但情绪反应强烈而难以自制；女生多表现得热情、积极主动、思维敏捷、精力充沛，但易感情用事，不善于通过思考来化解各种困难和障碍	胆汁质的人适宜选择那些内容不断变换、环境不断变化、不断有新活动的职业，如导游、外事接待、推销员、节目主持人、演讲者和演员等，而不适宜从事那些需要注意力高度集中、在事情处理过程中需细心检查、核对等的职业
多血质	多血质的人易具有朝气、热情、活泼、好动、敏感、反应迅速、爱交际、有同情心和思想灵活等品质，也易出现变化无常、粗枝大叶、浮躁、缺乏一贯性、注意力容易转移、兴趣和情感易变换等特点	多血质的人适宜从事与人打交道的职业，如管理人员、服务人员、咨询人员、导游、公关、医生、律师、运动员、冒险家和侦探等
黏液质	黏液质的人动作缓慢而沉着，能克制冲动，严格恪守既定的工作制度和生活秩序，情绪不易激动，也不易流露感情，自制力强，不爱显露自己的才能	黏液质的人适宜做持久、需要耐心和细致的工作，如财务管理、外科医生、调解员、教师、人力人事主管、心理咨询师和法官等
抑郁质	抑郁质的人易具有较高的感受性、思想敏锐、细心、想象力丰富、情绪深刻、思考透彻等品质，但也易出现多疑、孤僻、郁闷、怯懦等特点，他们的心理反应速度慢、动作迟缓、说话慢慢吞吞，为人小心谨慎，在困难面前易优柔寡断	抑郁质的人适宜选择校对、打字、排版、检察、雕刻和刺绣等工作，以及秘书、艺术工作者、哲学家、科学家等职业

小贴士

气质与性格的区别

气质与性格是心理学中的两个核心概念，它们共同构成了个体的个性特征，但各有其独特的成因和属性。气质与性格的区别见表1-4-2。

表1-4-2 气质与性格的区别

气质	性格
主要由遗传决定，具有先天性	受后天环境、教育和个人经历的影响较大
关注个体的动力特征，如情绪和行为的强度、速度	描述个体与社会环境之间的关系，涉及行为的内容和社会适应性
变化较小，可塑性极小	具有较大的可塑性，可通过经验和教育进行塑造
在社会评价中无好坏之分	在社会评价中有好坏之分

二、MBTI性格理论

MBTI（Myers-Briggs Type Indicator，迈尔斯-布里格斯类型指标）性格理论是一种基于自我报告的性格评估理论，主要用于评估和描述个体在信息获取、决策制定和生活态度方面的心理倾向和性格类型。MBTI性格理论通过四个基本维度揭示了个体之间的差异性，具体体现在个体如何集中注意力、获取信息、做出决策，以及如何对待外部世界。以下是MBTI性格理论的四个基本维度及其代表的八种性格倾向。

1. 注意力方向（精力的来源）

外向（Extroversion，E）：倾向于从外部世界和人际互动中获取能量。

内向（Introversion，I）：倾向于从内部思考和个人反思中获得动力。

2. 认知方式（信息获取的方式）

感觉（Sensing，S）：倾向于通过具体的事实和细节来获取信息。

直觉（Intuition，N）：倾向于依赖直觉和抽象概念来获取信息。

3. 判断方式（做决策的方法）

思考（Thinking，T）：倾向于基于逻辑和客观标准做出决策。

情感（Feeling，F）：倾向于依据个人价值观和对他人的考虑来做决定。

4. 生活方式（对外部世界的态度）

判断（Judging，J）：偏好有组织和有计划性的生活方式，倾向于做出决定并寻求闭环。

知觉（Perceiving，P）：偏好灵活和自由的生活方式，倾向于保持开放性并探索各种可能性。

MBTI性格理论中每个维度的主要特征见表1-4-3。

表 1-4-3　MBTI 性格理论中每个维度的主要特征

维度	主要特征
外向（E）、内向（I）	外向（E）：热情、喜欢群体活动、行动与反应快速，以及倾向于关注外部世界 （1）热情洋溢 （2）生机勃勃，善于表达 （3）听、说、想同时进行 （4）语速快，嗓门高 （5）注意力容易分散 （6）喜欢人多的场合 （7）关注问题的广度 （8）能量来自与外界的互相作用
	内向（I）：冷静、深思熟虑，倾向于关注内心世界，以及在小团体中或独处时感到更加充实 （1）冷静、谨慎 （2）稳重，不愿意主动表达 （3）先听，后想，再说 （4）语速慢，语调平稳 （5）注意力很集中 （6）喜欢独自消磨时间 （7）关注问题的深度 （8）能量来自内心的思考与推理
感觉（S）、直觉（N）	感觉（S）：关注细节、实际事实，以及当前环境 （1）关注存在的事实 （2）谈话目标清楚、方式直接 （3）思维连贯 （4）喜欢从事实际性的工作 （5）留心细节、现状 （6）对身体敏感 （7）以客观现实为依据
	直觉（N）：关注未来可能性、创新思维，以及概念 （1）关注事物背后的意义 （2）谈话目标宏观、方式复杂 （3）思维跳跃 （4）喜欢从事创造性的工作 （5）关注总体、未来 （6）精力集中于自己的思想 （7）习惯比喻、推理与暗示
思考（T）、情感（F）	思考（T）：强调事实和效率，可能在人际交往中显得较为直接和坚定 （1）行为冷静，公事公办 （2）关注事情的客观公平 （3）很少赞扬别人 （4）言语平实、生硬 （5）坚定、自信 （6）遵照客观逻辑推理

续表

维度	主要特征
思考（T）、情感（F）	（7）对人际关系不敏感
	情感（F）：强调和谐与共鸣，可能在表达和行动上显得更加体贴和细腻 （1）关注个人感受与价值观 （2）行为温和，注重社交细节 （3）习惯赞美别人 （4）言语友善、委婉 （5）犹豫、情绪化 （6）倾向于主观想法与道德评判 （7）尽量避免争论和矛盾
判断（J）、知觉（P）	判断（J）：做决定后倾向于追求结果和完成计划，强调秩序和条理 （1）正式、严肃 （2）保守、谨慎 （3）习惯做决定，有决断力 （4）条理清楚，计划明确 （5）急于完成工作 （6）遵守制度、规则与纪律 （7）喜欢确立目标，然后去努力实现 （8）外表整洁，环境干净
	知觉（P）：倾向于保持决策选项开放，强调适应性和探索新体验 （1）随意、自然 （2）开放、灵活 （3）做事拖拉，不愿做决定 （4）缺乏条理，保持弹性 （5）喜欢开始一项工作 （6）常常感觉到被束缚 （7）经常改变目标，偏好于新的体验 （8）着装以舒服为标准，不在意环境

MBTI 性格理论将人格分为十六种类型，每种类型由其在四个基本维度上的倾向组合而成，各具特征和优势。MBTI 性格理论的十六种人格类型见表 1-4-4。

表 1-4-4　MBTI 性格理论的十六种人格类型

代码	人格类型	特征及典型职业
ISTJ	物流师型	特征：严肃、安静、细致、有序 典型职业：会计、律师、警察、审计师
ISFJ	守卫者型	特征：安静、友好、负责 典型职业：护士、图书管理员、教师、保健专业人员
INFJ	提倡者型	特征：独创性、有毅力、关心他人 典型职业：心理咨询师、作家、社会工作者、顾问

续表

代码	人格类型	特征及典型职业
INTJ	建筑师型	特征：思想独创、内驱力强 典型职业：软件开发者、工程师、科学家、战略规划师
ISTP	鉴赏家型	特征：冷静的观察者、实用主义者 典型职业：机械工程师、法医、数据分析师、计算机技术专家
ISFP	探险家型	特征：友善、敏感、谦逊 典型职业：艺术家、音乐家、厨师、时尚设计师
INFP	调停者型	特征：充满热忱、忠诚 典型职业：图形设计师、心理学家、作家、教育顾问
INTP	逻辑学家型	特征：安静、思考深邃 典型职业：哲学家、数学家、计算机程序员、技术顾问
ESTP	企业家型	特征：实际、直接，爱享受生活 典型职业：销售代表、市场营销专家、体育教练、应急服务人员
ESFP	表演者型	特征：外向、友好、接受力强 典型职业：演员、公关专家、导游、销售经理
ENFP	竞选者型	特征：热情、有创造性、灵活 典型职业：创意总监、顾问、事件策划者、教育者
ENTP	辩论家型	特征：机敏、多才多艺 典型职业：企业家、律师、创新顾问、科技项目经理
ESTJ	总经理型	特征：实际、有组织、决断力强 典型职业：管理人员、财务分析师、项目经理
ESFJ	执政官型	特征：热心、合群、尽责 典型职业：社会工作者、客户服务代表、行政管理、人力资源专员
ENFJ	主人公型	特征：反应迅速、有责任心 典型职业：人力资源经理、教育家、公共关系专家、培训师
ENTJ	指挥官型	特征：坦诚、有学习能力、领导能力强 典型职业：企业高管、律师、咨询师、政策分析师

MBTI 性格理论强调识别每种人格类型的特定优势、劣势及其职业环境契合度的重要性，以在职业规划中通过匹配个体的个性特征与职业要求来提高职业满意度和成功率。

活动拓展

职业的性格画像

在此课堂活动中，我们将通过小组讨论、职业的性格画像创作和互动分享，深化对

MBTI 性格理论的理解，并从职业需求的角度探索性格倾向的重要性。通过这一过程，我们将识别自己的人格类型，并深入分析这些性格特质将如何影响职业选择，以及不同性格特质与特定职业之间的适配性。

一、活动目标

1. 深入应用 MBTI 性格理论，从职业需求的角度理解个人性格倾向的重要性。

2. 通过集体创作的方式，探索不同职业对性格特质的要求，并以视觉艺术形式表达这一内容。

二、活动时间

20 min。

三、材料准备

水彩笔、马克笔或彩色铅笔，大幅画纸，MBTI 性格理论相关资料（见表 1-4-3、表 1-4-4）。

四、活动步骤

活动步骤见表 1-4-5。

表 1-4-5　活动步骤

步骤	具体要求
小组讨论	各小组成员基于 MBTI 性格理论找到自己的人格类型，讨论和理解各自人格类型的特点，以及这些特点对职业选择的影响 提示：重点讨论职业需求与性格特质的匹配度，每位成员分享自己感兴趣的职业，并探讨为什么某些性格特征对这些职业尤为重要
职业的性格画像创作	各小组选择一个代表职业，基于小组讨论结果共同创作一幅描绘该职业性格特质需求的“职业的性格画像” 提示：在画像中融入与所选职业紧密相关的性格特质元素，鼓励使用有创意和象征性的表达（如使用象征性的颜色和图案）来表现这些性格特质如何与职业需求相匹配
画像展示与分享	各小组轮流展示他们的作品，解释所选职业和性格特质之间的匹配关系，以及创作背后的思考过程 提示：允许其他学生在展示期间提问和评论，以促进班级内的交流和深入理解
综合点评	教师对每幅画像作品进行专业的点评，强调在职业规划中深入理解性格特质与职业需求匹配的重要性，以及团队协作和创意表达在理解性格和职业的关系中的作用，鼓励学生在未来的职业探索中应用本课题所学知识

课后作业

一、MBTI 性格测评

MBTI 性格测评如同一面镜子，映照出我们固有的性格倾向。它不仅能深化我们对自身的理解，还能指导我们如何与各种人格类型的人更高效地交流和协作。它帮助我们洞察自己在理解世界和做出决策过程中的性格偏好，进而使我们理解自己在职场、人际交往及日常生活中的行为模式。

MBTI 性格测评的步骤如下：

1. 选择测评平台：在互联网上有许多提供 MBTI 性格测评的平台，使用搜索引擎搜索“MBTI 性格测评完整版”关键词，我们可找到多个提供免费测评的平台。

2. 调整测评心态：在开始测评前，确保自身处于一个安静且无干扰的环境中，这样可以使我们更专注于测试，提高测试的准确性。记得以最真实的内心反馈回答每一个问题，避免社会期望或当前心情影响我们的选择。

3. 完成测评：按照测评平台的指引完成所有的测评题目。一般来说，MBTI 性格测评包含多个选择题，旨在评估我们在四个基本维度上的偏好。

4. 仔细阅读结果：完成测评后，我们将获得一个四个字母组合的人格类型代码，每个字母代表我们在对应基本维度上的主要倾向。除了代码，测评结果还会提供更详细的描述，包括我们的优势、潜在的挑战，以及职业倾向等。

5. 反思与应用：阅读测评结果时，思考这些内容是否与我们的个人经验和感受相符，并考虑如何利用我们的性格优势，以及如何应对与我们人格类型对应的挑战。同时，探索所属人格类型的典型职业，看看是否有令我们感兴趣的方面。

二、自我分析与评估

根据模块一的学习成果，完成自我分析与评估汇总表（见表 1-4-6）。

表 1-4-6　自我分析与评估汇总表

自我评估	个人描述	个人优势	个人劣势
价值观			
兴趣			

续表

自我评估	个人描述	个人优势	个人劣势
技能			
性格			

模块二
职业定位与分析

学习指引

一、学习目的

通过对本模块的学习，我们可以深入理解职业定位与分析的重要性，准确识别目标岗位的基本要求、工作内容和发展前景，更好地评估和确定个人的职业定位和方向，从而为实现职业规划目标奠定坚实基础。

二、学习内容

本模块包括职业岗位（群）分析、个人岗位胜任力分析、职业选择与人岗匹配三个课题，重点在于理解职业岗位（群）的概念、掌握职业岗位（群）分析的方法和工具、评估个人能力与岗位需求的匹配度，以及应用人岗匹配分析结果进行有效的职业规划。

三、应用场景

本模块的内容可应用于多个职业发展的场景，包括但不限于求职过程中的岗位选择、职业生涯规划、个人能力提升计划的制订，以及在职业转变或晋升过程中的职位匹配和策略调整。

学习目标

1. **了解职业与职业岗位（群）的概念**：能够清楚地理解不同职业与职业岗位（群）

的特点、分类方式，以及各自的职责和要求，为后续的职业选择和发展夯实理论基础。

2. **掌握职业岗位（群）分析的核心维度和方法**：能够运用职业岗位（群）分析的方法和工具，全面评估职业岗位（群）的技能需求、教育背景要求、工作经验、工作职责、工作环境，以及发展前景等，提高个人对目标职业的认识和理解。

3. **学会评估人岗匹配度**：能够根据职业岗位（群）分析的结果，有效评估自身的价值观、兴趣和能力与目标职位的匹配程度，从而做出更加合理的职业规划和选择。

思维导图

本模块的思维导图如图 2-0-1 所示。

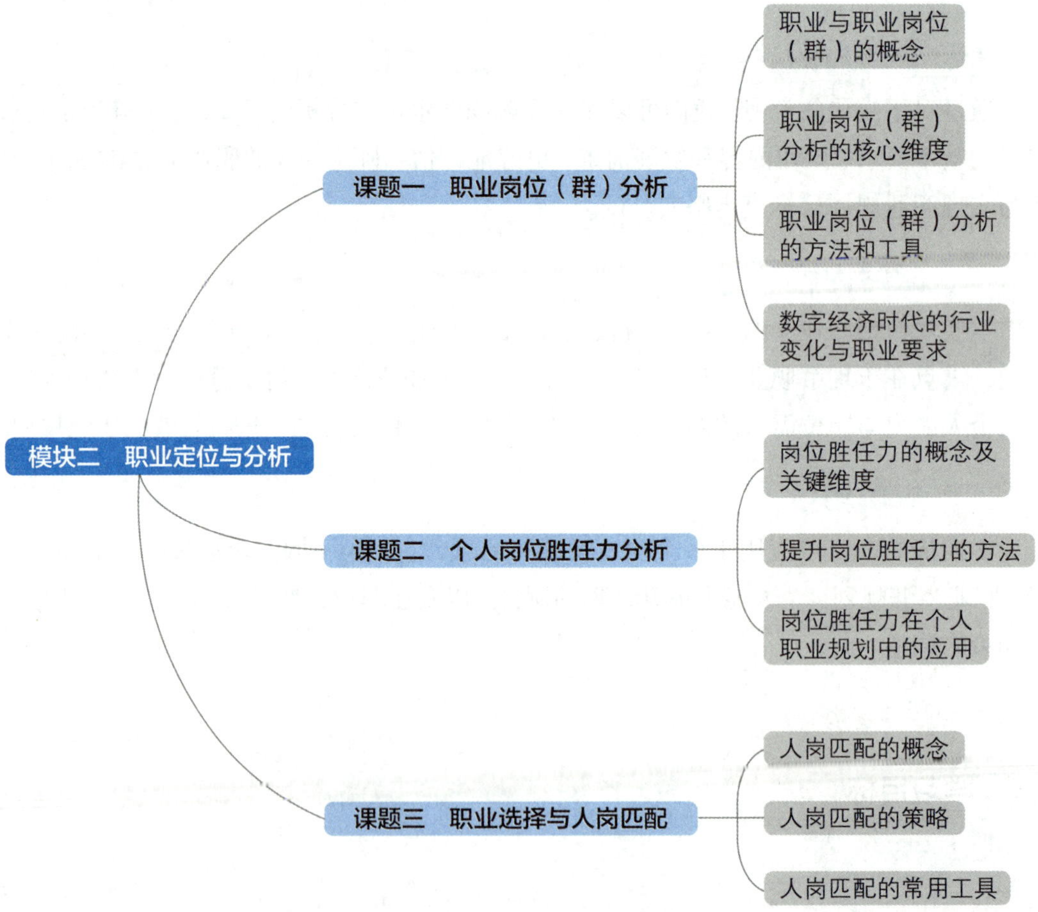

- 模块二　职业定位与分析
  - 课题一　职业岗位（群）分析
    - 职业与职业岗位（群）的概念
    - 职业岗位（群）分析的核心维度
    - 职业岗位（群）分析的方法和工具
    - 数字经济时代的行业变化与职业要求
  - 课题二　个人岗位胜任力分析
    - 岗位胜任力的概念及关键维度
    - 提升岗位胜任力的方法
    - 岗位胜任力在个人职业规划中的应用
  - 课题三　职业选择与人岗匹配
    - 人岗匹配的概念
    - 人岗匹配的策略
    - 人岗匹配的常用工具

图 2-0-1　思维导图

课题一　职业岗位（群）分析

学习指引

在本课题中，我们将探讨如何进行职业岗位（群）分析，这一过程的关键在于准确地识别目标职位的基本要求，包括必须掌握的特定技能、所需的工作经验，以及要求的教育背景等。并且，我们将深入了解目标岗位的日常工作内容，如主要职责、工作环境、团队架构等，以形成对未来工作的清晰预期。此外，我们将探索行业发展趋势、岗位的稀缺性，以及晋升途径等。通过全面的职业岗位（群）分析，我们将能更好地理解自己是否适合目标岗位，或需要进行哪些方面的能力提升。

学习目标

1. 理解职业岗位（群）的概念。
2. 掌握职业岗位（群）分析的核心维度。
3. 学会应用职业岗位（群）分析的方法和工具。
4. 培养终身学习的意识和能力。

建议学时

2 学时。

思维导图

本课题的思维导图如图 2-1-1 所示。

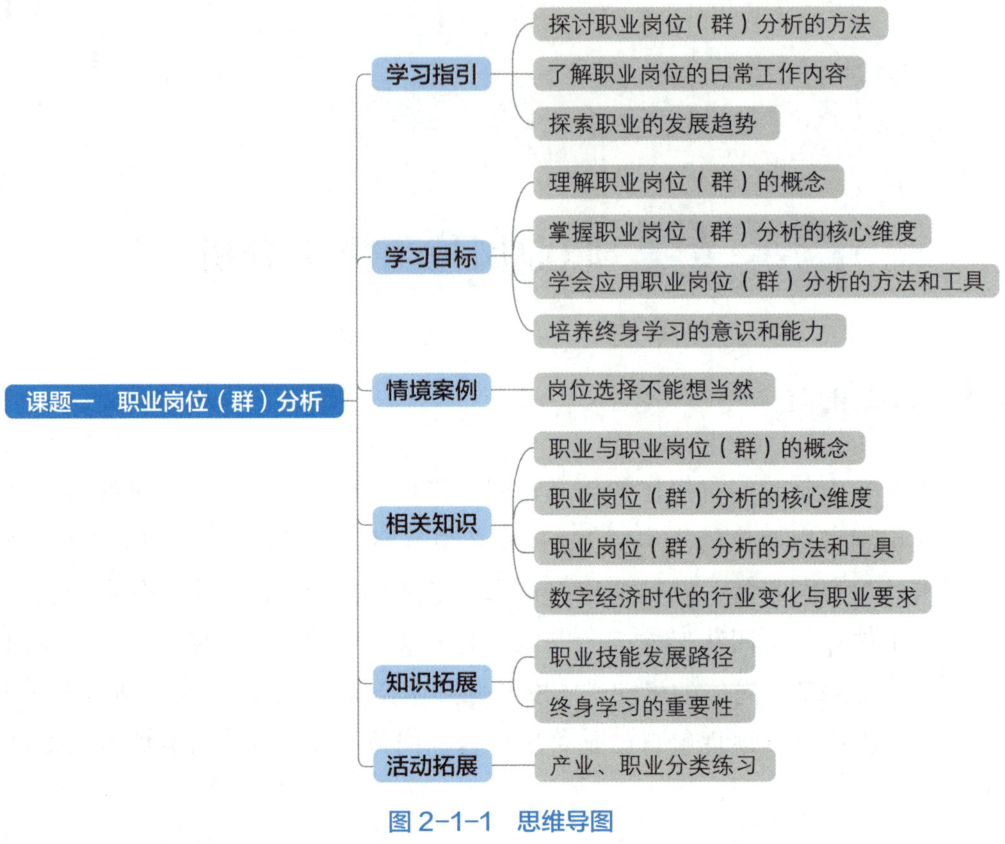

图 2-1-1　思维导图

情境案例

岗位选择不能想当然

小周是一名某职业院校物流管理专业毕业生，他有两个工作机会：一是成为物流公司的货运代理员，二是担任物流公司的仓储管理员。

因缺乏对岗位的深入了解，他一开始选择了货运代理员工作，并认为仓储管理员工作的技术含量和发展前景有限。然而在实际工作中，他发现货运代理员的工作内容相对单调，新技能学习机会少，晋升空间也受限，这促使他反思自己的职业选择过程，认识到自己并未对两个岗位进行充分的分析和评估，而是基于错误的主观看法做出了决策。

因此，小周开始系统地研究货运代理员和仓储管理员的工作职责、发展潜力，并结合自己的兴趣和能力进行自我评估，决定向仓储管理方向发展。他利用专业工具优化自己的职业规划，努力提升仓储管理领域的专业技能，并参与在线课程和行业研讨，致力于自我增值。

经过以上努力，小周最终加入了一家大型物流公司，担任仓储管理员。这个新岗位为他提供了丰富的学习机会和发展空间，包括管理大规模仓库、优化物流流程和掌握行业前沿技术等内容。

【情境分析】

在岗位选择中的一个常见误区是只基于有限信息和个人偏好，而非通过深入分析和评估直接做出决策。有些人仅凭个人主观认知选择岗位，最终却发现实际工作内容与自身期望差距甚大。这不仅阻碍了个人的职业进步，还浪费了在职业生涯初期积累经验的宝贵机会。为了有效规避这种情况，职业规划应该始于对职业岗位（群）的职责、需求及成长潜力的全面了解。同时，借助系统化的分析、规划和专业的指导，我们才能更加明智地选择岗位，为自己的职业生涯奠定坚实的基础。

相关知识

一、职业与职业岗位（群）的概念

1. 职业的概念

职业是指个人基于其技能、知识和能力而从事的，用于赚取收入的工作或活动。它通常涉及特定的教育和训练路径，并且可能需要特定的资格认证。职业体现了个人的工作身份和职业生涯发展路径，通常与个人的兴趣、价值观和生活目标紧密相关。

小贴士

产业、行业、职业与岗位的区别

产业、行业、职业与岗位这四个概念在经济和职场领域中非常常见，它们各自有不同的含义。

（1）产业

产业是在社会分工条件下，从事生产、服务的经济活动实体的集合。产业分类有助于政府和企业进行宏观经济规划和发展策略制定。在我国，产业可分为第一产业、第二产业和第三产业。第一产业主要是农业，包括种植业、林业、畜牧业和渔业等；第二产业主要是制造业，包括加工制造业和建筑业等；第三产业主要是服务业，包括金融、教育、卫生、零售和信息技术服务业等。

（2）行业

行业是从事相同性质的生产或服务活动的所有单位的集合。行业分类有助于企业和专业人士了解市场结构、竞争对手和目标客户。每个行业都有其特定的生产或服务范围，如汽车行业、教育行业和医疗行业等。

（3）职业

职业是指个人基于其技能、知识和能力而从事的，用于赚取收入的工作或活动，如教师、医生、工程师和设计师等。职业反映了个人的专业技能、兴趣和职业发展方向。

（4）岗位

岗位是指企业或组织内部根据工作内容、责任和职责划分的具体工作职位。岗位是职业在具体工作环境中的体现，如市场部经理、软件开发工程师和人力资源专员等。

总的来说，产业和行业是按照经济活动的性质，以及生产和服务类别进行的宏观分类，职业是指人们的工作类型，而岗位是指在具体企业或组织中的具体工作职位。

2. 职业岗位（群）的概念

职业岗位（群）是一种根据工作性质、所需技能、知识体系和工作环境等将不同职业系统性分类的一种分类方式。职业岗位（群）有助于组织和个人理解各类职业之间的相似性和差异性，对职业规划、人才招聘、员工培训和发展有参考作用。职业岗位（群）可以进一步分为横向发展职业岗位（群）和纵向发展职业岗位（群），它们分别反映了职业生涯向广度扩展和深度发展的机会。

（1）横向发展职业岗位（群）

定义：横向发展职业岗位（群）着眼于提供广阔的职业选择和转岗机会，适合探索多样化职业路径的人。它强调职业广度的扩展，鼓励个人从事多种不同的但领域相关的工作，以丰富自己的职业经验和技能。

示例：一名职业院校电子工程专业的学生，可能起初从事电子设备维修技术员工作。随着时间的推移，该学生可能选择转向电子产品的设计工作，或者成为电子零件的销售代表，这些岗位虽然在同一行业内，但涉及的具体技能及其工作性质有所不同。

（2）纵向发展职业岗位（群）

定义：纵向发展职业岗位（群）关注同一领域或专业内的技术层次提升和职务晋升。它侧重于职业深度的增加，以及在特定领域内达到更高的技术熟练度或管理水平。

示例：以医疗行业为例。一名初出茅庐的护士经过几年的临床经验积累，可能会逐步成为高级护理人员，最终有机会晋升为护理部门的主管或管理者。在这一过程中，该护士不断深化专业知识，提升管理能力，实现在同一专业领域内的职业晋升。

二、职业岗位（群）分析的核心维度

在数字经济时代背景下，职业岗位不断演化，为我们带来新挑战和新机遇。为适应这些变化并做出合适的职业选择，我们需要深入分析职业岗位（群）的核心维度。

1. 技能需求

每个职业都有其独特的技能需求。例如，传统的电子设备调试工需熟练掌握电子组件的安装和调试，而增材制造设备操作员则需掌握 3D 打印技术和材料科学知识。随着行业的数字化转型，技能需求也在向数字和技术导向的技能转变，除了专业硬技能，跨领域技能（如数据分析、数字营销）及软技能（如团队合作、沟通能力）也是必备技能。

2. 教育背景要求

职业对教育背景的要求反映其专业性。例如，入职机械维修工可能仅需要具有相关专业的教育背景，而入职数字化管理师则可能要求具备信息技术、商业管理的高等教育背景，以及相关的专业证书或行业认证。

3. 工作经验

实际工作经验对职业发展至关重要，它不仅涵盖职业技能的应用，也包括职业素养（如项目管理和团队协作能力）的培养。例如，传统的建筑施工员依赖于现场施工经验，而建筑信息模型技术员（BIM 技术员）则需要依靠数字化建筑设计和项目管理的经验。

4. 工作职责

技术进步和市场需求变化会导致职责变化。例如，传统的农民主要负责种植和收割，而现代的农业经理人则需要管理农业生产流程并应用农业科技（如数字化监控和自动化设备）。

5. 工作环境

工作环境的变化反映了职业活动空间和条件的演变。例如，传统的实体店铺销售人员主要在店铺中工作，而电子商务运营师则在数字平台上进行产品展示和销售。

6. 发展前景

深入了解行业趋势和技术进步至关重要，它们直接影响职业的发展前景和未来的发展机会。随着行业不断演化，一些领域展现出强劲的增长潜力，其他领域则可能因技术替代或市场需求变化而面临收缩。例如，在传统制造业中，经验丰富的技师有机会通过升级技术和智能化转型晋升为智能制造企业的管理者。同样，智能制造领域的工程技术人员，随着掌握和应用新技术，也可以成长为专注于创新制造流程设计或自动化系统管理的关键角色。

三、职业岗位（群）分析的方法和工具

在职业岗位（群）分析的过程中，采用合适的方法和工具对深入理解不同职业的特性和要求至关重要。以下是几种有效的职业岗位（群）分析方法。

1. 在线求职平台

在线求职平台可提供详尽的职位信息，包括岗位要求、职责描述和薪酬范围等。我们可以通过这些平台深入了解不同职业，关注公司文化和员工评价，了解潜在雇主的更多信息。

2. 职业调查报告

政府和专业机构（如国家统计局、智联招聘等）发布的行业和职业调查报告，是洞察职业市场趋势的宝贵资源。我们可以利用这些报告获取特定职业的需求趋势、工资水平和行业发展方向等信息，学习解读这些报告中的数据和预测内容，并将它们应用于自身的职业规划。

3. 相关人物访谈

直接与行业专家和职业从业者对话是获取工作经验和行业见解的有效途径，我们应充分准备访谈问题，以获取关于职业选择和职业发展的深入见解。

4. 职业测评工具

使用如霍兰德职业兴趣测评、MBTI 性格测评等现代职业测评工具来了解自己的兴趣、性格和技能。我们应定期重新进行这些测评，以及时观察我们的成长和变化。

5. 实习和兼职

实习和兼职提供了实际的工作体验，有助于我们判断自己是否适合某个职业。通过亲身体验工作环境和日常工作任务，可以反思所学技能与目标职业的匹配度。

6. 职业指导服务

专业的职业指导师、职业规划师和职业生涯教练能提供深入的职业岗位分析和职业规划建议。我们应事先了解如何选择合适的职业指导服务，包括了解不同顾问的专长领域。

7. 社交媒体网络

通过社交平台进行职业探索，关注行业领袖和公司，我们可以了解行业动态和把握职业机会。

8. 行业研讨会等会议

通过参加相关的网络研讨会和线下会议，我们可以扩展职业网络，了解最新的行业趋势和技术发展情况。

9. 在线课程和工作坊

通过参加相关的在线课程和工作坊，我们可以提升专业技能和知识，为未来的职业发展做准备。

四、数字经济时代的行业变化与职业要求

在数字经济时代的背景下，行业的快速变化和职业要求的演变使我们面临新的挑战。技术革新和全球化趋势不仅重塑了职业领域，也为职业发展设定了新标准。为了在这一变革时代中脱颖而出，我们必须了解行业的变化趋势与职业的新要求。

1. 技术驱动的行业变革

技术进步，特别是在人工智能、物联网、大数据和云计算等领域的发展，正在推动行业的深刻变革。

为了适应行业变革，我们应着重学习相关的技术知识和实践技能，通过参与实习项目和工作坊等来获得实际操作经验，更好地适应行业变化。

2. 数字化转型

数字化转型已成为各行各业的核心策略，企业需要能够熟练使用数字工具和技术的员工以优化业务流程和提升客户体验。这一趋势催生了数字化管理师和供应链管理师等新兴职业。

为了适应数字化转型，我们应学习如何有效使用数字工具和软件，并理解它们在各个行业中的实际应用形式，这不仅涉及技术操作技能的学习，还包括对新商业模式和流程的理解。

3. 远程工作和灵活就业模式

信息技术的进步推动了远程工作和灵活就业模式的兴起，企业要求员工掌握线上沟通、数字内容管理和网络协作等新技能。

为了适应远程工作和灵活就业模式，我们应培养以上相关技能，这不仅需要我们提升技术能力，还需要我们适应新的工作环境和团队协作模式。

4. 数字素养和技能需求

基本的数字素养和技能在所有职业领域都逐渐变得极其重要，它们包括数据分析、编程基础和数字营销等。

为了满足数字素养和技能需求，我们应通过参加相关课程和研讨会，积极掌握数据分析和编程等技能。实践项目和实习机会能为我们提供实际应用这些技能的经验，帮助我们更好地适应未来的职场需求。

5. 软技能需求

沟通能力、团队合作能力、批判性思维和领导力等软技能在职场中占据重要地位。

为了满足软技能需求，我们应通过参与团队项目、领导力训练和沟通技巧培训，在实际环境中练习和提升这些软技能。此外，志愿服务和社团活动也是锻炼这些能力的好机会。

6. 全球化职业趋势

全球化带来了跨国工作机会和对跨文化技能的需求。了解国际职业市场的趋势、准备跨文化职场所需的知识和技能，对全球化视野下的职业规划至关重要。

为了适应全球化职业趋势，我们应积极参与国际交流项目，学习第二语言，以及了解不同文化的商业习俗和沟通方式，国际化网络课程和研讨会可以为我们提供宝贵的全球视角和跨文化技能培训。

知识拓展

一、职业技能发展路径

职业技能发展路径可以分为三个主要部分，即基础技能、专业技能和未来趋势技能。这个发展路径帮助人们规划和适应他们职业生涯的不同阶段，从而提高自身的竞争力和适应能力。

1. 基础技能

（1）沟通技能：包括书面和口头沟通能力，指能够清楚、准确地表达思想和信息。

（2）团队合作能力：指能够在团队环境中有效协作，理解团队和合作的重要性。

（3）问题解决能力：指能够识别问题、分析原因并提出有效的解决方案。

（4）时间管理能力：指能有效管理时间。

（5）学习能力：指能快速学习新信息和技能，适应新变化。

2. 专业技能

专业技能属于特定职业的需求，通常需要通过教育、培训和实践经验来获得，包括以下几点。

（1）行业知识：指对所在行业的规则、标准和实践有深入了解。

（2）技术技能：指能使用特定的工具、软件或设备，如编程语言、财务软件或机械等。

（3）项目管理：指能规划、执行和监控项目，以达到预定目标。

（4）分析能力：指能分析数据和趋势，从中提取有价值的信息和见解。

3. 未来趋势技能

随着技术进步和行业发展，某些技能变得越来越重要，包括以下几点。

（1）数字素养：指能理解和使用数字技术、工具和资源。

（2）人工智能和机器学习：指能理解 AI 和机器学习的基本原理，并能在工作中应用这些技术。

（3）数据分析和大数据：指能处理和分析大量数据，并从中洞察信息以支持决策。

（4）可持续性和绿色技能：指能理解和实施可持续发展策略，应对气候变化和环境保护的挑战。

（5）远程工作技能：指能在虚拟环境中高效工作，包括自我管理和使用远程工具工作。

对任何职业来说，个人的技能都需要随着职业生涯的进展和行业的发展不断地更新。通过综合发展基础技能、专业技能和掌握未来发展趋势，我们可以为未来的工作环境做好准备，不断提高自己的市场价值和职业发展潜力。

二、终身学习的重要性

在数字经济时代，终身学习对我们来说尤为重要，这有助于我们适应快速变化的行业和技术进步。以下是终身学习的意义。

1. 适应技术革新

如人工智能工程技术人员需掌握机器学习、神经网络、自然语言处理等先进技术，大数据工程技术人员需学习数据挖掘、数据可视化和大数据分析工具，以应对数据处理需求的增长。

2. 提升职业技能

如物联网工程技术人员需了解设备的连接、配置，数据收集与分析技术，以及设备安全和网络通信协议，并学习如何在智慧城市、智能家居和工业自动化等领域应用这些技术。

活动拓展

产业、职业分类练习

在此课堂活动中，我们将强化对产业、职业、职业岗位（群）概念的认知，并能准确地区分它们。

一、活动目标

1. 明确产业、职业、职业岗位（群）的概念。
2. 能够区分产业、职业、职业岗位（群）并将其分类。

3. 理解不同产业和职业对社会经济发展的贡献。

二、活动时间

15 min。

三、材料准备

签字笔，产业、职业分类表（见表 2-1-1）。

表 2-1-1　产业、职业分类表

将下面的职业名称按照其所属产业和职业类型填写在对应位置。

职业名称	渔民、茶农、人工智能工程技术人员、电子竞技运营师、农业经理人、网约配送员、互联网营销师、城市管理网格员、家庭教育指导师、职业培训师、民宿管家、商务数据分析师、铁路综合维修工、装配式建筑施工员		
职业类型及其解释	事物型：这类职业主要涉及面向物体、机器、工具或植物的直接工作，通常强调具体操作能力、物理技能或机械技能（例如，农业工作、制造业工作、建筑施工等） 人际型：这类职业主要涉及与人交互，提供服务、教育、咨询或治疗的工作，强调社会技能、沟通技能和帮助他人的能力（例如，教师、医生、销售人员等） 数据型：这类职业主要涉及处理数据、信息和数字的工作，强调分析、计算和逻辑思维能力（例如，会计师、数据分析师、软件开发人员等） 观念型：这类职业主要涉及创意思维、设计、规划和创新的工作，强调创造力、想象力和视觉艺术技能（例如，艺术家、设计师、建筑师等）		
产业、职业分类			
	第一产业	第二产业	第三产业
事物型			
人际型			
数据型			

续表

产业、职业分类			
	第一产业	第二产业	第三产业
观念型			

四、活动步骤

活动步骤见表 2-1-2。

表 2-1-2　活动步骤

步骤	具体要求
活动介绍	教师解释产业、职业、职业岗位（群）的概念
小组讨论	各小组阅读产业、职业分类表（见表 2-1-1）中的职业名称，讨论并将各职业名称按产业和职业类型分别填写到表格中的对应位置
小组分享	各小组选出一名代表，分享本小组的分类结果，以及分类过程中的思考与发现
反馈与总结	教师总结各小组的分类结果，并点评各小组的分类准确性和对概念理解的正确性。强调产业、职业、职业岗位（群）分类在职业规划和经济发展中的应用价值

职业选择与分析报告

1. 选择一个感兴趣的职业。

2. 使用在本课题中学到的方法和工具，对选定的职业进行全面分析，分析内容应包括但不限于：

（1）该职业的基本要求（所需技能、教育背景、工作经验）。

（2）该职业的具体工作内容（主要职责、工作环境、团队结构）。

（3）行业发展趋势、职位稀缺性及可能的晋升路径。

（4）基于以上结果，评估自己当前的条件和情况，以及为达到职业目标需采取的步骤和策略。

3. 根据职业分析结果，制定一个简单的个人职业规划草案，内容包括：

（1）短期和长期职业目标。

（2）达到这些目标所需的关键技能和经验。

（3）计划采取的行动步骤和内容，包括进一步受教育、培训、实习及其他相关活动。

4. 完成一份职业选择与分析报告，注意：

（1）报告总字数应不少于 800 字。

（2）确保分析和规划基于实际数据和可靠资源。

课题二　个人岗位胜任力分析

学习指引

在本课题中，我们将深入探讨个人岗位胜任力，包括其概念、重要性及关键维度（如专业知识与技能、认知能力、沟通与人际交往能力）。通过案例分析和自我评估，我们将学习如何识别和评估自己的能力强项和须提升的领域，并制定具体的提升策略，从而有效提高岗位胜任力，为自身职业成功和长期发展打下坚实基础。

学习目标

1. 理解岗位胜任力的概念及关键维度。
2. 学会识别和评估自己在不同维度上的岗位胜任力水平。
3. 掌握根据岗位胜任力评估结果制订有效能力提升计划的方法。

建议学时

2 学时。

本课题的思维导图如图 2-2-1 所示。

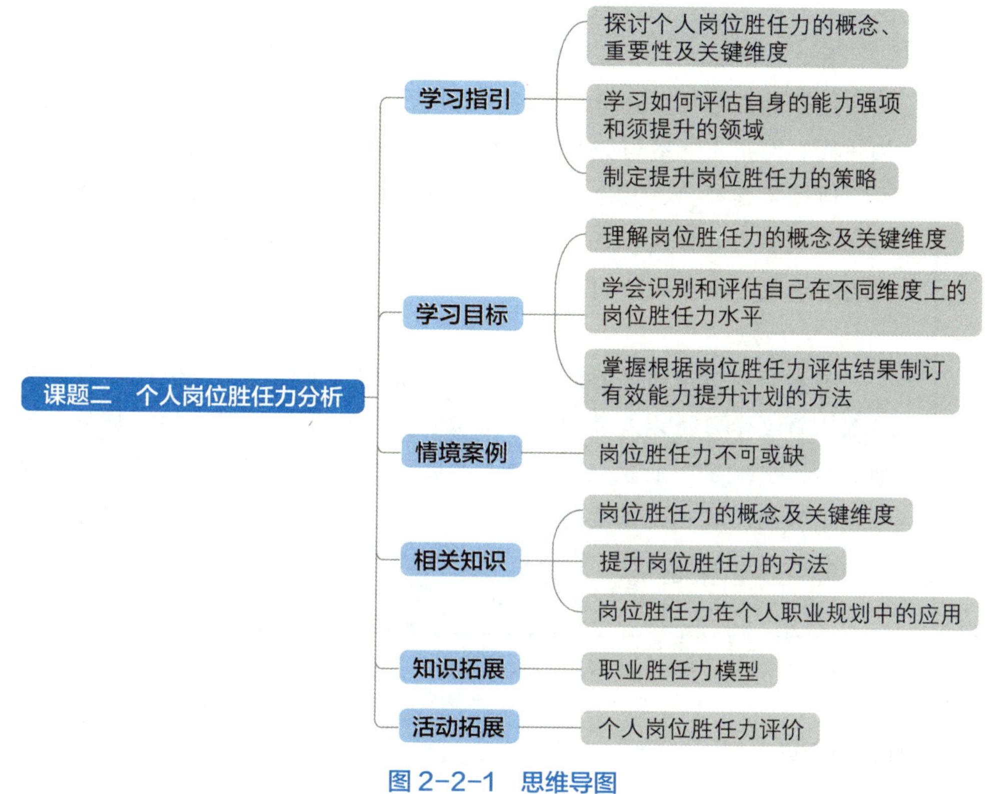

图 2-2-1　思维导图

情境案例

岗位胜任力不可或缺

小吴是一名技师学院电子商务专业毕业生。他对在大型电子商务公司工作充满憧憬，认为那里不仅有广阔的职业发展空间，还能让他接触到前沿的电子商务技术和营销策略。因此，他在毕业前积极地投递了简历，并获得了一家知名电子商务公司的工作。

然而，进入公司实习后，小吴发现自己面临着前所未有的挑战。公司不仅要求员工掌握基本的电子商务营销知识，还需要员工熟练使用数据分析软件来优化销售策略，这是他在学校学习时没有深入接触的内容，这导致小吴在工作中的表现并不理想。此外，公司高度重视新媒体运营，小吴在这方面也缺乏实际操作经验，这让他在团队中显得格外被动。但他并未因此气馁，而是积极寻找解决方案。

首先，小吴在工作之余参加了数据分析相关的在线课程，并通过实际操作提升自己对数据分析工具的熟悉度。同时，他也自学了新媒体运营的相关技能，并主动参与公司的新媒体营销项目，以此来积累实战经验。

通过不懈努力，几个月后，小吴不仅显著提升了自己的数据分析能力，还成了新媒体运营团队的一分子。小吴的进步得到了公司的认可，他逐渐承接起更多的公司业务。

【情境分析】

小吴的经历说明了个人岗位胜任力分析的重要性，他通过参与专业培训、自主学习，以及积累工作经验，成功地将所学理论知识应用于实际工作，实现了职业生涯的飞跃。在职业生涯规划中，仅仅了解岗位要求是不够的，我们还需要进行深入的个人岗位胜任力评估，识别自己的强项和待提升的领域。

相关知识

一、岗位胜任力的概念及关键维度

岗位胜任力是指个体在特定工作岗位上需具备的知识、技能、能力和行为特质的总和，它构成了个体在岗位上取得优秀表现的基础，也是衡量个人能否胜任某项工作的重要标准。在人力资源管理中，这一概念指员工为成功完成职位任务并超越工作期望所必需的知识、技能、能力和行为的总和。岗位胜任力的关键维度包括以下几点。

1. 专业知识与技能

专业知识与技能是指在特定岗位领域内所需的理论和实践知识，以及相关操作技能。

2. 认知能力

认知能力是指学习、分析、解决问题，以及创新的能力。

3. 沟通与人际交往能力

沟通与人际交往能力是指有效沟通和建立人际关系的能力，涵盖口头、书面沟通和协作能力。

4. 领导与管理能力

领导与管理能力是指在组织中设定目标、管理团队和决策的能力。

5. 适应性与灵活性

适应性与灵活性是指适应环境变化和处理压力的能力。

6. 职业素养与道德行为

职业素养与道德行为是指在工作中展示的道德和素养，如诚信和责任感等。

7. 问题解决与决策能力

问题解决与决策能力是指分析问题和制定解决方案的能力。

8. 团队合作能力

团队合作能力是指与他人协作的能力，包括团队意识和共享意识。

这些维度应根据具体岗位的要求来调整和补充，以确保全面评估员工是否具备适应该岗位并取得优秀表现所需的关键能力。通过对这些维度的综合评估，企业可以更精确地设置岗位胜任力模型，并用其指导人才选拔、培训和发展等人力资源管理活动。

小贴士

岗位胜任力与职业胜任力的区别

岗位胜任力与职业胜任力侧重的方向和应用场景有所不同，下面说明两者的主要区别。

（1）岗位胜任力

定义：**岗位胜任力**是指个体在特定工作岗位上需具备的知识、技能、能力和行为特质的总和。

侧重点：它专注于评估个体是否符合特定岗位的要求，如是否具备完成特定任务的能力、专业技能和工作态度等。

目的：帮助企业确定个人最适合的岗位，并帮助个人了解自己在特定岗位上的适应性和需要改进的领域。

应用场景：主要用于招聘选拔、员工培训和发展、绩效评估等方面。

（2）职业胜任力

定义：**职业胜任力**是指个体在某一职业领域内长期发展所需的广泛知识、

技能和能力的总和。它不局限于特定岗位，而是关注整个职业生涯的发展。

侧重点：它专注于个体在整个职业路径上的发展，包括通用技能（如沟通、团队合作）、职业道德和领导力等。

目的：帮助个人理解在特定职业领域中成功需要的核心能力，并指导职业生涯规划和个人发展。

应用场景：用于职业规划、个人发展、终身学习和职业转换等方面。

总的来说，岗位胜任力侧重于短期，针对特定岗位；而职业胜任力则侧重于个体在其职业生涯中长期的发展和成功。两者都是人力资源管理和个人职业发展中的重要概念，根据不同的目的和需求，可以选择性地对两者进行评估和培养。

二、提升岗位胜任力的方法

提升岗位胜任力不仅对个人职业发展有帮助，也能提高企业的整体效率和竞争力，以下是提升岗位胜任力的几种方法。

1. 持续学习和专业培训

学习专业知识和技能：参加相关培训课程、工作坊和研讨会，不断更新和扩展专业知识和技能。

参与在线课程和认证：利用在线学习平台提升专业能力，取得行业认证。

2. 实践经验和参与项目

提升实际操作经验：通过实际工作项目应用所学知识，增强解决实际问题的能力。

参与跨部门项目：参与跨部门或多学科团队项目，提高协作和沟通能力。

3. 提高认知和解决问题的能力

进行批判性思维训练：通过分析案例、模拟决策等方式锻炼批判性思维和决策能力。

培养创新和创造性思维：尝试使用新方法和策略去解决问题，促进创新思维。

4. 沟通与人际关系的建立

培训沟通技巧：通过培训提升口头和书面沟通技巧。

管理人际关系：学习并应用有效的人际关系和团队建设策略。

5. 领导力和管理能力的发展

培养领导力：参加领导力发展计划，学习团队管理、决策制定和领导技巧。

参与领导实践：在工作中寻求领导机会，如领导小组项目或担任团队负责人。

6. 适应性和灵活性的增强

积累多样化工作经验：在不同的工作环境和角色中工作，提高适应能力。

积累应对变化的策略：学习和应用应对变化和压力的策略。

7. 职业素养和道德行为的强化

参与道德和法律培训：通过专业培训了解和遵守职业道德准则和法律法规。

进行反思和自我评估：定期反思职业行为，确保其符合职业道德标准。

8. 团队合作能力的培养

参与团队建设活动：参与团队建设和团队合作活动。

参与多元化团队工作：在多文化和多学科团队中工作，理解和尊重多样性。

9. 自我管理与发展

设定目标和时间管理：学习有效的时间管理和目标设定技巧。

自我激励和自我监控：培养自我激励的技巧，定期设定个人发展目标，并监控其进度。

通过上述方法，我们可以有效提升自己的岗位胜任力，为职业发展铺平道路，同时也为企业带来更大的价值。

三、岗位胜任力在个人职业规划中的应用

在个人职业规划中，理解和应用岗位胜任力可以帮助我们更有效地实现职业目标和获得职业发展，以下是岗位胜任力在个人职业规划中的应用。

1. 识别岗位要求

了解特定岗位的胜任能力要求：通过分析职位描述、行业标准或访谈等方式，了解目标岗位所需的具体技能、知识和能力。

自我评估：对照岗位胜任力要求进行自我评估，确定自己的强项和需要改进的领域。

以云计算行业岗位为例，其职业能力要求与个人能力对比差异见表 2–2–1。

表 2–2–1　云计算行业岗位职业能力要求与个人能力对比差异表

职业能力要求	具体内容	个人能力现状	差异与提升计划
云计算基础知识	熟悉云计算概念、架构和服务模式	较为熟悉	加强新理论与新知识的学习，参加相关高阶培训和课程，消除知识盲点
虚拟化技术	熟悉虚拟化技术，能够部署和管理虚拟化环境	了解基础操作	深入学习虚拟化技术，动手实践部署与管理虚拟化环境
云平台管理	熟悉主流云平台，能够进行云资源管理与配置	初步了解	参加云平台培训，进行实战操作，提高管理与配置云平台技能

续表

职业能力要求	具体内容	个人能力现状	差异与提升计划
网络与安全	具备网络架构知识，熟悉网络安全技术，能够进行云环境的安全配置和监控	基本了解与掌握	参加网络架构和网络安全相关课程的学习，进行安全配置与监控实战练习
编程与自动化脚本	熟悉编程语言，能够编写自动化脚本进行云资源的自动化管理	掌握基础编程技术	练习编写更多复杂的自动化脚本，提高编程技能和脚本编写能力
运维与故障排除	具备系统运维和故障排除能力，能够解决云计算环境中的常见问题	有一定运维实践经验	提高故障排除技能，学习高级运维技巧，参与更多实战项目
数据库管理	熟悉数据库技术，能够进行数据库的部署、管理和维护	掌握基础数据库操作	深入学习数据库管理，参加数据库相关认证培训，进行数据库实战操作
项目管理	具备项目管理能力，能够规划和管理云计算项目	参与过企业项目实践，积累了一定的项目管理经验	参加项目管理培训，学习先进的项目管理方法，提高项目管理能力
沟通与团队协作	具备良好的沟通和团队协作能力，能够与团队成员有效合作	有一定的沟通和协作能力	加强团队协作练习，提高沟通技巧，积极参与团队项目
持续学习与创新	具备持续学习和创新能力，能够跟踪云计算技术的发展持续提升自身技术水平	有一定的学习和创新意识	制订学习计划，保持对新技术的关注和学习，积极参与创新项目

2. 规划职业发展路径

设定职业发展目标：基于岗位胜任力要求和个人自我评估的结果，设定短期和长期的职业发展目标。

制定提升策略：为达到职业发展目标，制订具体的学习计划和提升策略，包括参加培训课程、获取证书、参与相关项目等。

3. 实施和调整

实施发展计划：按照计划进行学习和开展活动，包括自学、在职培训、实践项目等。

持续评估和调整：在实施过程中持续评估自身进展，根据实际情况调整计划，以确保目标的实现。

4. 利用网络和资源

行业人脉建设：通过行业协会、专业论坛和社交平台建立行业人脉，获取关于岗位胜任力发展的资源和信息。

寻求导师和同行反馈：寻找职业导师或同行，获取关于如何提升特定岗位胜任力的反馈和建议。

5. 实际应用和积累经验

参与相关工作：通过实习、兼职或志愿活动等方式，积累与目标岗位相关的工作经验。

学习案例和模拟实践：通过学习案例和模拟实践，提升解决实际工作问题的能力。

通过上述过程，我们可以有针对性地提升自己的岗位胜任力，为实现职业发展目标打下坚实的基础。这不仅有助于我们在当前职业生涯阶段的成功，也可为未来可能的职业转型或晋升提供支持。

知识拓展

职业胜任力模型

职业胜任力模型是一种综合性框架，可界定在特定职业领域中获得成功所必需的关键技能、知识、能力及行为标准。该模型对于企业的人力资源管理和个人的职业生涯规划都具有重要意义。

一、职业胜任力模型的关键要素

1. 技术技能与知识

技术技能与知识是指特定职业必需的专业知识和技能。

2. 认知能力

认知能力涵盖解决问题的能力、批判性思维、创新思维及制定决策的能力。

3. 人际交往能力

人际交往能力包括有效的沟通技巧、团队合作精神、领导力，以及建立人际关系的能力。

4. 自我管理能力

自我管理能力包括自我激励、时间管理、情绪智力，以及自我学习的能力。

5. 适应能力

适应能力是指应对环境变化的能力，包括变化管理、灵活性和抗压能力。

6. 价值观和态度

价值观和态度是指职业道德、责任感、积极的工作态度，以及与组织文化的契合度。

7. 创新能力

创新能力包括创造性思维、提出新观点，以及改善工作流程的能力。

二、职业胜任力模型的应用

1. 企业层面

职业胜任力模型可指导人才选拔、培训与发展、绩效评估，以及职业路径规划，帮助企业明确岗位所需能力，优化人才管理流程，提升员工表现和满意度，进而推动企业目标的实现。

2. 个人层面

职业胜任力模型可为个人提供清晰的职业发展方向和目标，个人可通过自我评估与对照模型要素，识别自身强项和发展需求，制订个性化的学习和发展计划，增强职业竞争力，实现职业目标。

活动拓展

个人岗位胜任力评价

在此课堂活动中，我们将加深对岗位胜任力的理解，并结合自己的职业规划进行有针对性的自我评价和计划安排。

一、活动目标

1. 理解岗位胜任力的概念及关键维度。
2. 结合拟就业的岗位，对个人岗位胜任力进行详细描述和自我评价。

二、活动时间

20～30 min。

三、活动步骤

活动步骤见表 2-2-2。

表 2-2-2　活动步骤

步骤	具体要求
描述与自我评价	（1）针对自己拟就业的岗位，使用个人岗位胜任力评价表（见表 2-2-3）对自己的岗位胜任力的情况进行详细描述和自我评价

续表

步骤	具体要求
描述与自我评价	（2）思考以下指导性问题： 1）你在这个维度有哪些具体成就或实践经验？ 2）你在过去的经历中是如何展示这项维度的？ 3）在这个维度，你遇到的最大挑战是什么？你是如何克服的？
制订计划	（1）基于上述评价，结合本模块课题一课后作业的相关内容，为每个需要改进的维度制订一个简短的提升计划 （2）思考以下指导性问题： 1）为了提高这个维度的能力，你计划采取哪些具体行动步骤？ 2）有哪些资源或渠道可以帮助你实现这个提升计划？
反馈与讨论	小组讨论，每位小组成员分享自己的自我评价结果和提升计划 提示：在小组讨论中可以探讨各自计划的可行性、面临的挑战、预期成果，以及可能的支持资源

表 2-2-3　个人岗位胜任力评价表

序号	维度	维度描述	个人评价			个人情况描述
			优	中	差	
1	专业知识与技能	特定岗位领域的专业知识和技能，如专业技术、操作技能等				
2	认知能力	学习能力、问题解决能力、逻辑思维能力等				
3	沟通与人际交往能力	有效沟通和建立人际关系的能力，包括口头和书面沟通能力等				
4	领导与管理能力	在组织中发挥领导和管理作用的能力，如设定目标、管理团队能力等				
5	适应性与灵活性	适应环境变化的能力，包括灵活性、适应能力等				
6	职业素养与道德行为	在工作中展示的道德和素养，如诚信、责任感等				
7	问题解决与决策能力	分析问题和制定解决方案的能力，包括分析、归纳总结、制定方案能力等				
8	团队合作能力	与他人协作的能力，包括团队意识、合作能力等				

课后作业

岗位胜任力分析——以技术能力为例

本作业将帮助我们深入了解技术能力在特定职业中的重要性，通过自我评估，识别我们的强项与待提升领域，并制订一个实际的提升计划。这一过程不仅可加深我们对自身技术水平的理解，还为我们实现职业目标提供了明确的方向和策略。

一、知识回顾

回顾我们在本模块课题一课后作业中完成的职业选择与分析报告，特别关注与技术能力相关的部分，包括所需技能、教育背景和工作经验等。

二、分析技术能力

分析我们所选职业对技术能力的要求和应用场景，探讨技术能力对职业成功的作用和重要性。

三、自我评估

对照我们所选职业的技术能力要求进行自我评估，识别自己的技术能力水平，包括强项和须提升的领域。

四、制订提升计划

针对自身须提升的领域，制订一个具体的提升计划，其内容包括：

1. 目标技能和知识点。
2. 可利用的学习资源（如课程、书籍、在线资源等）。
3. 可参与的实践活动（如项目、实习、工作经验等）。
4. 时间表和效果评估方法。

五、整合提升计划

将以上提升计划整合到我们自己的职业选择与分析报告中，确保它可以支持我们短期和长期职业目标的实现。

六、注意事项

1. 提交要求

完成上述分析和提升计划后，修订并完善自己的职业选择与分析报告，报告篇幅为 800～1 000 字。确保分析和提升计划是具体、可行的，并且来源于可靠的数据和资源。

2. 评估标准

（1）分析深度：对所选职业技术能力要求的理解和分析是否全面、深入。

（2）自评的准确性：自我评估是否客观、真实，是否能准确识别须提升的领域。

（3）提升计划的实用性：提升计划是否明确、实用，并能有效地提升个人技术能力。

（4）整合性：是否有效地将提升计划整合到职业选择与分析报告中，并支持职业目标的实现。

课题三　职业选择与人岗匹配

学习指引

在本课题中，我们将深入探讨职业选择与人岗匹配，以及价值观、兴趣、个人能力与岗位需求之间的匹配程度如何影响我们的职业满意度和成功率。我们将学习人岗匹配的概念、人岗匹配的策略、人岗匹配的常用工具，以及如何有效利用求职网站、行业论坛、社交平台和在线学习平台等资源来有效地搜索、整理和分析职业信息。通过本课题的学习，我们可获得一套系统的方法和策略，来评估自身的人岗匹配度，从而更加自信地面对职场挑战，做出有利于职业发展的决策，找到个人职业生涯的最佳发展路径。

学习目标

1. 理解价值观、兴趣、个人能力与岗位需求相互匹配的重要性。
2. 掌握评估个人特质与岗位需求匹配度的方法。
3. 熟悉人岗匹配的常用工具和资源，并能进行职业信息的搜索、整理和分析。

建议学时

2 学时。

思维导图

本课题的思维导图如图 2-3-1 所示。

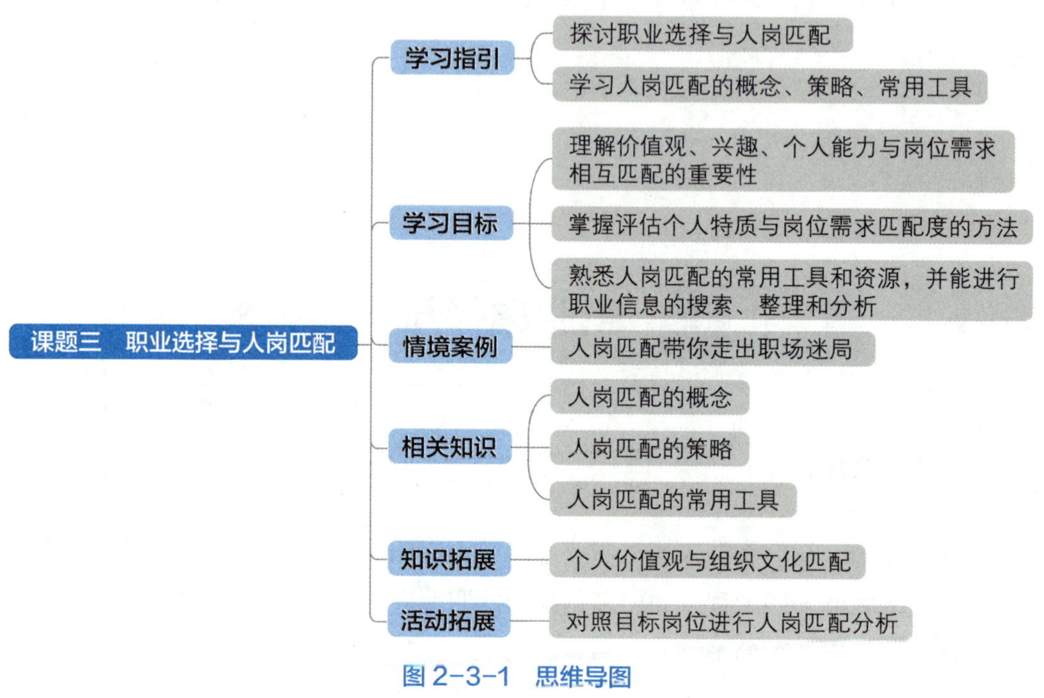

图 2-3-1　思维导图

情境案例

人岗匹配带你走出职场迷局

小郑是一名技师学院市场营销专业学生，他对数字营销有浓厚的兴趣，特别希望在互联网运营领域，尤其是内容创作、社交媒体策略和市场分析方面展示自己的才华。毕业后，他加入了一家知名企业的营销部门，但他发现，自己的工作内容主要是社交媒体内容的常规更新，以及与客户互动，这与他期待的市场营销策略制定和深度数据分析等工作存在较大差异，他感到自己的潜能并未得到充分发挥。

面对这样的挑战，小郑没有选择逃避，而是自学了先进的数据分析工具，掌握了利用数据驱动内容创作和优化用户互动的技巧，成功提升了用户参与度和转化率。同时，他在业余时间深入研究市场趋势，并向企业管理层提出了一系列基于数据和市场分析的有效的营销策略建议。

小郑的努力和坚持最终获得了企业的认可，他不仅被分配了更多与营销策略制定相关的任务，如参与营销活动策划、分析竞争对手策略，以及评估营销活动效果等，同时也获得了职务升迁的机会，进一步证明了他在数字营销领域的专业能力和领导潜质。

【情境分析】

小郑的经历展示了在职业生涯规划中不断评估兴趣、个人能力与岗位需求之间的匹配度，并通过适应和主动学习来优化该匹配度的重要性。开始的岗位不匹配使小郑在工作中遭遇挑战，但通过自我学习和提升，他成功地调整了自己的技能以适应岗位需求，最终实现了职业上的成长。

相关知识

一、人岗匹配的概念

人岗匹配（Person–Job Fit）是指个人的价值观、兴趣、技能与职位要求、工作环境及组织文化之间的适配程度。这一概念对人力资源管理和个人职业规划具有极其重要的意义，在个人特质与职业需求之间寻求最佳匹配十分重要。人岗匹配由以下两个层面的要素构成。

1. 个人层面的要素

（1）专业能力：包括教育背景、专业技能和工作经验等，这些因素构成个人胜任某职位的基础能力。

（2）个人特质：包括价值观、性格、工作态度和职业兴趣等，这些因素影响个人对特定工作的动力和满意度。

2. 职位层面的要素

（1）职位需求：指职责、技能要求和工作条件等职位本身的特性，它与个人能力和特质对应。

（2）工作环境与组织文化：指职位所在的工作环境和组织文化，它需要与个人的价值观和工作偏好相契合。

二、人岗匹配的策略

为了在职业生涯中取得成功，必须确保人岗匹配，这不仅能提升我们的工作效率和职业满意度，还能促进个人长期发展。以下策略为我们这些正在寻求最佳职业道路的人提供了一个明确的指南，帮助我们系统地评估自己的特质，发现与之相匹配的职业机会。

1. 深入了解自我

利用职业评估工具进行深入的自我反思，向亲朋好友和职业顾问咨询并获取反馈，明确自己的价值观、兴趣、技能、性格和职业目标。

2. 全面掌握岗位信息

研究职位描述，参与实习，查找网络资源并咨询行业专家，以获取岗位的详细信息，包括但不限于岗位职责、技能需求、工作环境、晋升途径，以及企业文化。

3. 进行比较与匹配分析

使用决策辅助工具（如 SWOT 分析表），结合个人职业发展和生活规划，并对比个人特质与岗位要求，识别最适合自己的工作机会。

4. 尝试、反馈与调整

尝试不同类型的工作，通过实际经验获得反馈，并根据这些反馈调整职业选择，以找到最佳匹配岗位。

5. 持续的个人进步与职业发展

持续学习新技能、关注行业动态，定期进行职业规划回顾，以保持人岗匹配的最佳状态。随着个人的进步和行业的发展，持续提升与岗位的匹配度。

通过实施以上这些策略，我们将能更加精确地定位到与自己价值观、兴趣和能力匹配的职业，从而在职业道路上取得更高的成就。

小贴士

应对人岗不匹配的策略

以下是几种应对人岗不匹配的实用策略，旨在帮助我们重新定位职业方向，提升所需技能，并获得专业发展的指引。

（1）转换职业路径

如果当前的工作与我们的价值观、兴趣或能力不相符，可以考虑探索一个更合适的职业方向。这需要我们对自己的兴趣、技能和职业目标进行深入的重新评估，并接受额外的培训或教育，以满足新职业的要求。

（2）提升缺失技能

明确导致人岗不匹配的具体原因，若是缺少技能，可通过报名参加相关培训课程、研讨会或使用在线学习平台来弥补这些缺失。这种自我提升不仅能改善我们在当前岗位的表现，还能为我们的长期职业规划奠定坚实的基础。

（3）参与职业咨询和指导

寻找职业顾问或导师，以获取对我们个人职业发展的建议和指导。专业的职业咨询服务可以为我们提供如何解决人岗不匹配、职业转换，以及技能提升等问题的具体和实用的建议。

通过以上这些策略，我们不仅可以有效地应对人岗不匹配的问题，还可以为实现职业满意度和获得成功打下坚实的基础。

三、人岗匹配的常用工具

在进行人岗匹配的过程中，学会应用多种数字技术工具至关重要。这些工具不仅可以帮助我们深入理解自己的价值观、职业兴趣和技能，还能帮助我们有效地搜索、整理和分析职业信息，为个人职业规划和决策提供坚实支撑。这些数字技术工具主要包括以下内容。

1. 求职网站

求职网站包括智联招聘、前程无忧（51Job）、BOSS 直聘等，这些工具覆盖广泛的行业和领域，提供丰富的职位信息和行业动态，可帮助用户依据职业兴趣、技能和经验搜索相关职位。

2. 行业论坛和社交平台

这些平台包括知乎、豆瓣小组及领英（LinkedIn）等，这些工具为用户提供分享职业经验、讨论行业趋势和建立职业网络的机会。

3. 在线学习平台

这些平台包括腾讯课堂、网易云课堂等，这些工具为用户提供丰富的课程资源，支持用户学习新技能或提升现有技能，以更好地适应职业市场的需求。

有效运用以上工具，可以显著提升我们在职业规划和人岗匹配过程中的效率和成功率。在模块三中，我们还将深入探讨如何更高效地利用这些数字技术工具进行职业信息的搜索、整理和分析，以实现更精确的人岗匹配。

知识拓展

个人价值观与组织文化匹配

在职业发展的过程中，确保个人价值观与潜在雇主组织文化的高度匹配至关重要。这种匹配不仅关系到我们在工作中的幸福感和成就感，还直接影响工作效率和团队协作效果。因此，深入理解并评估潜在雇主的组织文化，确认其是否与个人价值观吻合，是职业选择中的关键步骤。

一、个人价值观与组织文化匹配的重要性

1. 提升职业满意度。个人价值观与组织文化的匹配可以显著提升员工的满意度与忠诚度，减少职业倦怠。

2. 获得个人成长。在一个符合个人价值观的环境中工作，员工更容易获得发展机会。

3. 提升工作绩效。价值观一致的工作环境能够激励员工的投入和创新，提升工作绩效。

二、组织文化的评估方法

1. 研究组织的使命愿景和价值观。查看潜在雇主的官方网站，关注其使命愿景和核心价值观，这些信息反映了组织的基本信条和行为标准。

2. 参加组织的公开活动。参与组织的公开活动或研讨会，直观了解组织的文化表现和员工之间的互动方式。

3. 与组织现有员工交流。直接与组织现有员工交谈，获取他们对工作环境、团队氛围和公司政策的真实反馈。

4. 查询社交媒体和职业评价网站。通过浏览如天眼查等平台上的组织评价和员工反馈，了解组织的真实工作环境和文化氛围。

5. 关注组织的社会责任实践。考察组织在履行社会责任方面的活动和承诺，如慈善捐赠、环保行动等，这些活动能够反映其价值观和文化特质。

实现个人价值观与组织文化的匹配，是提升长期职业满意度和获得职业成功的关

键。通过对潜在雇主组织文化的深入了解和评估，求职者能够做出更加明智的职业选择，找到既能够支持个人职业目标又与个人价值观契合的理想工作环境。

活动拓展

对照目标岗位进行人岗匹配分析

在此课堂活动中，我们将通过小组合作，对选定的目标岗位进行深入的人岗匹配分析，以明确目标岗位的具体要求与小组成员自身技能和经验的匹配情况，从而识别自身与目标岗位间的差距。

一、活动目标

1. 深入理解人岗匹配的概念。
2. 能够对照目标岗位要求对个人特质进行评估和反思。

二、活动时间

30 min。

三、活动步骤

活动步骤见表 2-3-1。

表 2-3-1　活动步骤

步骤	具体要求
小组讨论与目标岗位选择	（1）各小组成员展开讨论，选择一个大家都感兴趣的目标岗位 （2）通过查询互联网，记录该岗位的详细信息，包括岗位描述、技能需求、工作环境、晋升途径和企业文化等
表格填写	根据收集资料的情况，各小组逐项讨论每个成员与岗位要求的匹配程度，将讨论的结果填写到各自的目标岗位人岗匹配分析表中（见表 2-3-2）
分享与反馈	（1）各小组总结目标岗位与小组成员整体匹配情况，识别共同的优势和须提升的领域 （2）各小组成员轮流分享自己的分析表，接受同学的反馈和建议 （3）各小组成员根据以上分享情况制订个人行动计划，包括技能提升、经验获取或职业目标调整等 （4）集体讨论人岗匹配过程中遇到的挑战和获得的经验，探索如何在未来职业发展中应用这些知识

表 2-3-2　目标岗位人岗匹配分析表

小组目标岗位名称：______________________

序号	目标岗位要求	个人实际情况	期望与实际差距
1	岗位描述：	个人了解程度：	
2	技能需求：	个人掌握程度：	
3	工作环境：	个人偏好程度：	
4	晋升途径：	个人了解程度：	
5	企业文化：	个人认同程度：	

行动计划与优先级：

四、填写指南

1. 目标岗位要求——列出目标岗位的主要要求，包括岗位描述、技能需求、工作环境、晋升途径和企业文化等。

2. 个人实际情况——针对每类岗位要求，简要描述我们对该岗位的了解程度、掌握的技能水平、对工作环境的偏好、对晋升途径的认知，以及对企业文化的认同感。

3. 期望与实际差距——评估并记录我们当前的状态与岗位要求之间的差距，简要说明我们认为自己需要提升或改进的地方。

4. 行动计划与优先级——列出我们为弥补差距而计划采取的行动，并为每项行动设定优先级，以指导我们接下来的职业发展。

个人岗位匹配分析报告

本作业将在完成了课题一与课题二课后作业的基础上，进一步整合和深化我们对职业选择与岗位匹配的理解。

一、岗位匹配度全面分析

基于课题一与课题二课后作业的分析，进一步探讨我们与所选目标岗位的全面匹配度，包括技术能力及其他维度，如沟通能力、团队合作能力、领导力和时间管理能力等。

分析个人价值观与目标岗位企业文化的契合度，以及个人生活偏好与工作环境的适应性，从而全面识别匹配点和潜在的差距。

二、职业规划与行动计划更新

根据全面的岗位匹配分析进行个人职业规划的更新，考虑短期（1～2 年内）和中期（3 年内）的职业目标。

制订具体的行动计划，包括针对性的策略、步骤和时间表，以弥补识别出的差距，提升个人与岗位的匹配度。

三、注意事项

1. 提交要求

（1）完成一份包含上述分析和更新内容的个人岗位匹配分析报告，范例见表 2-3-3。

（2）保证分析的全面性和深度，以及职业规划与行动计划的针对性和实用性。

（3）报告字数为 1 000～1 500 字。

2. 评估标准

（1）分析的全面性与深度：岗位匹配分析是否全面覆盖了技术能力及其他关键岗位胜任力维度。

（2）职业规划与行动计划的针对性与实用性：职业规划是否根据全面的岗位匹配分析进行了合理更新，行动计划是否针对性强且可实施。

（3）内容的连贯性与整合性：报告内容是否有效整合了前两次课题作业内容，并对职业规划进行了有意义的更新和优化。

表 2-3-3　个人岗位匹配分析报告实例（节选）：互联网营销师

（1）岗位基本信息

岗位描述：互联网营销师负责在数字化信息平台上，运用网络的交互性与传播公信力，对企业产品进行营销推广。此职业要求具备综合运用互联网工具和平台进行市场分析、产品推广、内容创作与发布、用户互动管理，以及数据分析等能力，以提升品牌知名度和销售转化率。

工作环境：互联网营销师的工作环境主要为室内，具备稳定的网络连接，有时可能需要外出参与市场调研或客户交流，工作时间可能不固定，需根据网络营销活动的实际需求进行调整。

续表

能力特征：互联网营销师需要具备网络营销知识、创新思维，良好的数据分析能力、沟通协调能力，以及快速学习能力。同时，应具备基本的计算机操作能力和使用各种网络营销工具的技能。

（2）相关专业及职业

相关专业：市场营销、电子商务、广告学、新媒体艺术、经济信息管理等。

相关职业：电子商务经理、市场营销经理、内容运营专员、社交媒体经理、数据分析师等。

（3）所需知识

基础知识：包括但不限于市场营销原理、互联网营销策略、内容营销、社交媒体营销、搜索引擎优化（Search Engine Optimization，SEO）与搜索引擎营销（Search Engine Marketing，SEM）、数据分析及解读等。

法律法规知识：需熟悉《中华人民共和国网络安全法》《中华人民共和国广告法》《中华人民共和国消费者权益保护法》等相关法律法规。

（4）技能需求

详细的技能需求包括市场趋势分析、目标市场定位、营销策略制定、内容创作与优化、媒体投放管理、用户行为分析、效果评估与优化等。

（5）工作内容

涵盖市场调研、产品选品、营销内容创作与发布、在线活动策划与执行、客户关系管理、数据收集与分析、效果监控与调整等方面。

（6）个人岗位胜任力与岗位要求对比

1）市场调研能力

个人情况：具备基础的市场调研能力，能使用常见调研工具。

匹配点：满足基本的市场调研需求。

差距：需提升深度分析能力和策略制定技能。

2）内容创作与传播能力

个人情况：熟练掌握内容创作相关技能，尤其是在社交媒体内容创作方面。

匹配点：高度匹配，能有效执行内容营销策略。

差距：需提升多媒体内容制作能力。

3）技术支持能力

个人情况：有基础的数据分析能力，缺乏技术支持经验。

匹配点：能进行基础数据分析。

差距：需学习提供技术支持的技能。

续表

（7）行动计划 提升技能：参加专业培训课程，特别是在数据分析、SEO/SEM、内容营销等方面。 获得实践经验：通过实习或参与实际的网络营销项目，增强实战经验。 **（8）职业规划更新** 短期目标（1～2 年内）：全面提升互联网营销技能，特别是在技术支持和数据分析方面。 中期目标（3 年内）：能够独立制定和执行复杂的营销策略，驱动品牌增值。

模块三
数字技术与职业信息管理

学习指引

一、学习目的

通过对本模块的学习，我们可以掌握利用数字技术搜集、整理与分析职业信息的能力，以支持个人职业规划和决策。我们将了解如何有效利用搜索引擎、专业网站、社交媒体和数据分析工具等来获取职业信息、构建人脉，以及拓展职业网络。

二、学习内容

本模块包括利用数字技术搜集职业信息、利用数字化工具整理与分析职业信息两个课题，重点在于掌握使用数字技术搜索职业信息的方法、信息真伪的甄别方法，以及利用数字化工具（如社交媒体、职业社交平台和在线学习资源平台等）来整理和分析职业信息的方法。此外，我们还将学习如何保护数据隐私和个人信息安全。

三、应用场景

本模块的内容可应用于个人职业发展的各个阶段，不论是在求职、职业转型、技能提升还是建立个人职业品牌阶段，掌握这些技能都可帮助我们在激烈的职场竞争中脱颖而出，做出明智的职业规划和决策。

学习目标

1. **了解数字技术在管理职业信息中的作用**：了解如何通过数字化工具和互联网平

台高效搜集、整理和分析职业信息，以及这些技术如何帮助人们构建个人职业品牌和拓展职业网络。

2. **掌握职业信息搜集、整理与分析的技巧**：掌握使用数字化工具搜集、整理与分析职业信息的方法，包括数据分析、信息可视化，以及如何利用社交媒体和职业社交平台。

3. **学会应用数字技术进行职业生涯规划和决策**：学会如何将职业信息应用于职业生涯规划和决策中，以提升个人职业竞争力和实现职业发展目标。

思维导图

本模块的思维导图如图 3-0-1 所示。

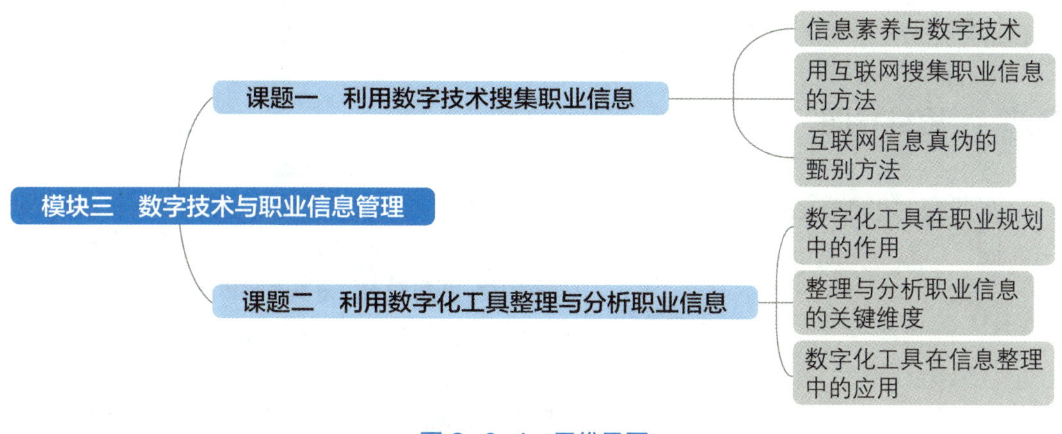

图 3-0-1　思维导图

课题一　利用数字技术搜集职业信息

学习指引

在本课题中，我们将探索如何有效地利用数字技术，通过运用各类搜索引擎、专业网站、论坛、招聘网站，以及社交媒体平台等来高效搜集相关职业信息。此外，我们还将学习如何评估所搜集信息的真实性和有效性，以及如何将这些信息应用于职业规划和决策，为个人的职业发展奠定坚实的基础。

学习目标

1. 理解并掌握利用数字技术搜集职业信息的方法。
2. 学会评估搜集到的职业信息的真实性和准确性。
3. 培养职业信息搜集过程中的批判性思维能力。

建议学时

2 学时。

思维导图

本课题的思维导图如图 3-1-1 所示。

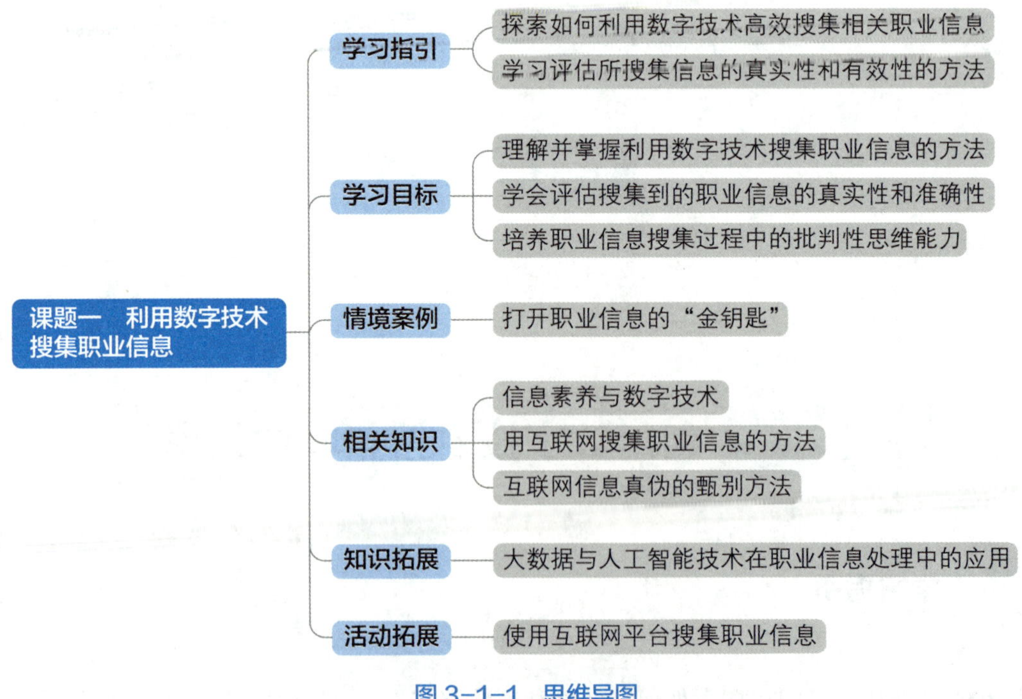

图 3-1-1　思维导图

情境案例

打开职业信息的"金钥匙"

小王是一名即将毕业的某职业院校生物工程专业学生，他正面临着找工作的挑战。他对使用互联网资源搜索相关职位信息不太熟悉，也缺乏评估职业信息真伪的能力，因而常常犹豫自己所获取的职业信息的真实性。

意识到这一点后，小王决定提升自己的数字技能。他通过学习高级搜索技巧，开始在智联招聘、BOSS 直聘等主流招聘平台上寻找职位信息；他还活跃于知乎、豆瓣等论坛，参与行业和职业的相关讨论，这些经历显著提升了他的信息筛选和辨别能力。此外，他通过使用百度指数等分析工具，从更广阔的视角审视生物工程领域的最新发展和技能需求。

这一系列的行动让小王逐步明确了自己的职业选择方向与发展路径，通过高效地利用互联网资源和数字化工具，他不仅成功拓宽了职业视野，还提高了自己的职业规划能力。最终，他在一家自己长期关注的生物工程公司找到了理想的工作，对自己未来的职业生涯充满了信心。

【情境分析】

小王的经历展示了在现代职场掌握并运用数字技术对个人职业发展的深远影响，通过积极学习和应用数字技术，小王不仅为自己找到了理想的工作，还显著增强了自身的职业竞争力。此外，随着技术的持续进步，个人职业规划已经转变为一个持续的过程，这要求我们应不断地充实和更新自己的知识与技能库，只有这样，我们才能在不断变化的职业环境中保持竞争力，也为面对未来职场的不确定性和挑战做足准备。

相关知识

一、信息素养与数字技术

在快速发展的数字时代，信息素养已成为个人职业发展和日常生活中不可或缺的核

心技能。它要求我们不仅能够有效地获取和评估信息，还能在数字环境中安全、合理地使用这些信息。

1. 信息素养的相关概念

（1）信息意识：指识别和利用数字平台上信息资源的能力。

（2）信息获取能力：指高效利用搜索引擎、在线数据库和电子图书馆等数字平台查找所需信息的能力。

（3）信息评估能力：指对信息的真实性、有效性和价值进行判断，区分信息的来源和可靠性的能力。

（4）信息处理能力：指对获取的信息进行分类、分析和整理的能力，会利用数字工具（如办公软件和数据可视化工具）。

（5）信息应用能力：指将处理好的信息应用到实际问题中的能力，特别是在职业规划和决策中应用信息的能力。

（6）信息伦理意识：指在数字环境中尊重知识产权、保护隐私和遵守网络道德的意识。

此外，信息素养还包括网络安全意识。

2. 信息素养与数字技术的关系

随着网络信息的爆炸式增长，我们面临着信息过载的挑战，如何有效地筛选、评估和利用信息成了一种必备的技能。数字技术工具（如搜索引擎、数据库和社交媒体等）不仅提供了前所未有的信息获取和评估手段，还能帮助我们通过数据验证和社交互动获取专业意见，并能评估信息内容的真实性。提高信息素养实际上就是提升利用数字技术进行有效信息管理和决策的能力，这对个人发展和自身职业规划具有深远影响。

3. 提升信息素养的策略

提升信息素养意味着培养有效检索、评估、使用和分享信息的能力，关键在于探索精神和批判性思维的培养。以下是几个提升信息素养的关键策略。

（1）培养好奇心和探索精神：保持开放的态度，主动探索多样的信息源。

（2）精确使用关键词和高级搜索功能：使用搜索引擎的关键词和高级搜索功能，提高搜索效率和结果的准确性。

（3）评估信息源的可靠性：选择信誉良好的网站和出版物，对社交媒体信息保持批判性态度。

（4）使用数字工具整理信息：使用如云笔记、电子表格等工具组织和整理信息。

（5）维护网络安全和个人隐私：注意保护个人信息，避免泄露敏感数据。

（6）定期更新技能和知识：随着技术发展，持续学习新技能和新知识。

（7）尊重版权和网络礼仪：合理使用和分享网络资源，尊重版权，遵守网络礼仪。

二、用互联网搜集职业信息的方法

互联网是获取职业信息的重要渠道，它提供了丰富的搜索方法和工具。有效利用这些资源，我们可以高效地收集到广泛的职业信息，包括行业动态、职位介绍和薪资范围等。以下是用互联网搜集职业信息的几种方法。

1. 搜索引擎

（1）利用百度等搜索引擎查找信息。输入具体的行业、公司名称或职位关键词，可以快速获得相关信息。

（2）使用高级搜索功能，如多关键词搜索、排除特定关键词等，以提高搜索结果的相关性和准确性。百度高级搜索页如图 3-1-2 所示。

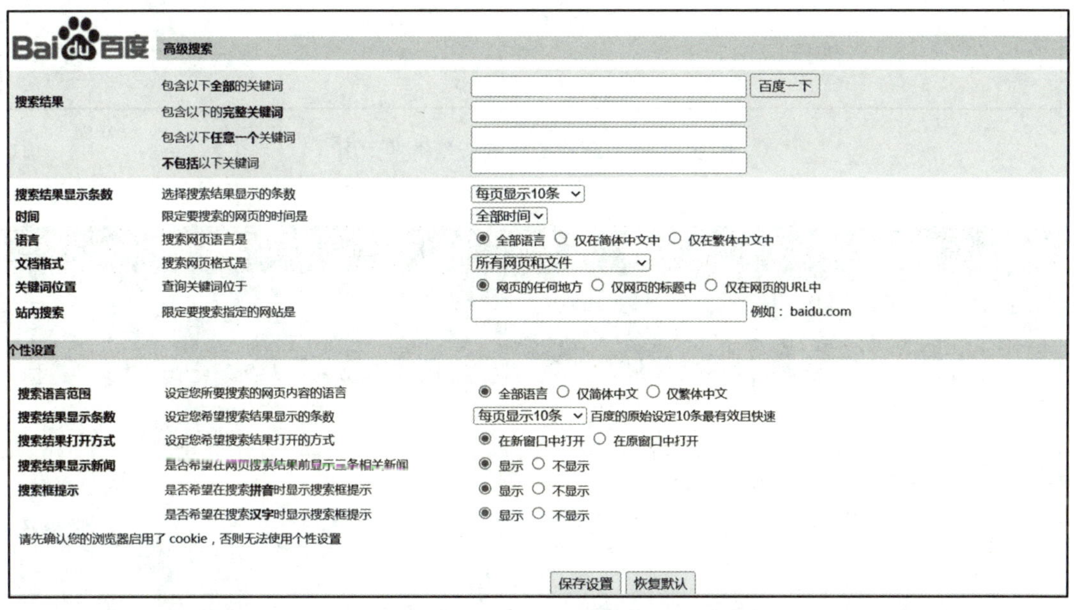

图 3-1-2 百度高级搜索页

2. 专业网站和论坛

（1）探索专业网站和论坛，如猎云网等，获取行业动态、职位介绍和行业热点。

（2）参与论坛讨论，与行业专家和同行交流，获取第一手的行业见解和经验。

3. 招聘网站

（1）访问智联招聘、BOSS 直聘等招聘网站，了解不同公司的招聘需求、职位描述和薪资范围。

（2）利用招聘网站的筛选工具，按地区、行业或薪资等条件精确查找职位。智联招聘的按条件搜索页和BOSS直聘的按条件搜索页分别如图3-1-3、图3-1-4所示。

图3-1-3　智联招聘的按条件搜索页

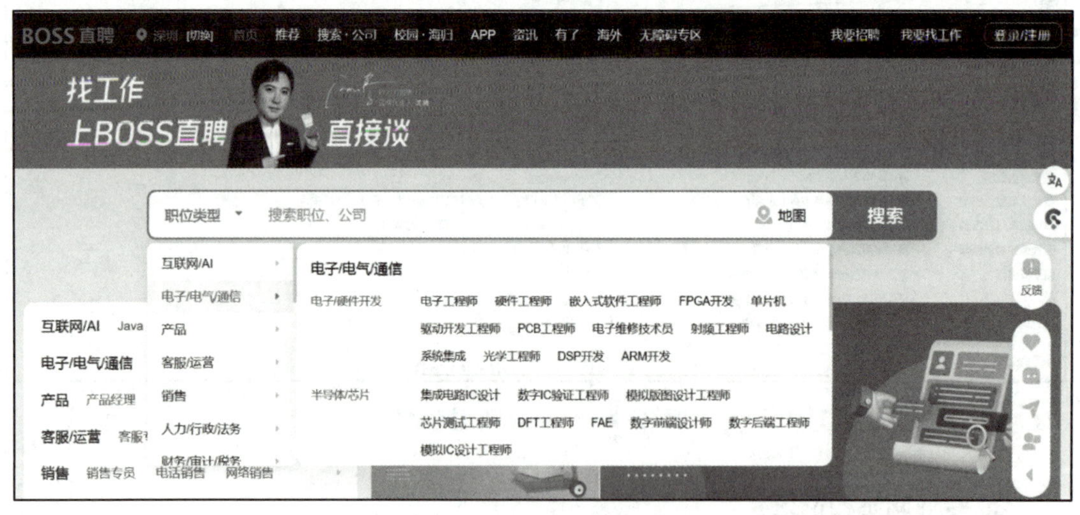

图3-1-4　BOSS直聘的按条件搜索页

4. 社交媒体

（1）关注社交媒体上的行业专家和公司账号，获取最新信息和行业动态。

（2）使用社交媒体平台进行职业网络构建和信息分享。

5. 在线课程和讲座

通过学堂在线、腾讯课堂、网易云课堂、哔哩哔哩（Bilibili 网站，简称 B 站）等平台参与行业相关的在线课程和讲座，获取最新的行业知识和技能。B 站的课堂频道如图 3-1-5 所示。

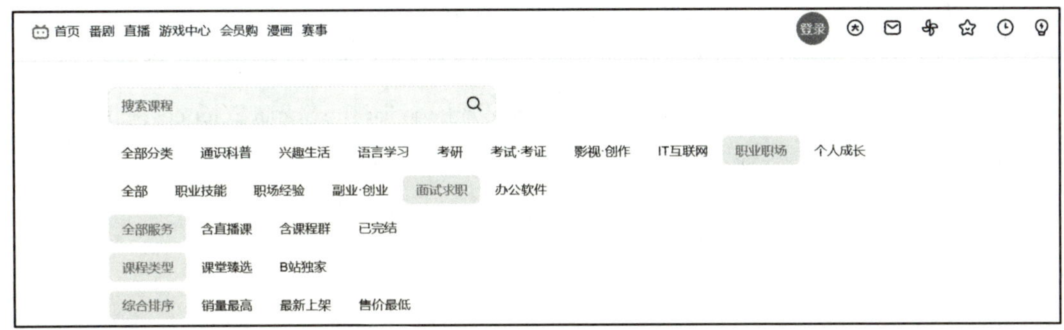

图 3-1-5　B 站的课堂频道

6. 新闻和行业报告

（1）阅读行业相关的新闻、分析报告和研究论文，了解行业的最新发展和未来趋势。

（2）订阅行业新闻和分析报告，将信息及时更新。

在使用这些方法搜集信息时，重要的是保持目的性和针对性，同时也要具备批判性思维，以评估信息的真实性和有效性。这不仅可以使我们避免被海量的信息淹没，也能够使我们避免受不准确或误导性信息的影响。

小贴士 1

数据驱动的职业市场动态理解

在用互联网搜集职业信息的方法中，除了使用搜索引擎、专业网站和社交媒体等外，数据分析和解读也是一个重要的方法。数据驱动，即基于大规模统计数据的自然语言处理方法，可以帮助我们更深入地理解职业市场的动态，它包括但不限于：

（1）职业趋势分析：通过数据挖掘和模式识别，分析行业发展趋势和就业

市场的变化。常用的工具包括百度指数和腾讯大数据等。

（2）薪资水平分析：使用统计分析方法来评估不同地区和职位的薪资标准。常用的工具有智联招聘等平台发布的各类薪酬报告。

（3）技能需求分析：运用文本分析工具解读职位描述，识别市场上最需要的技能。常用的工具有领英（LinkedIn）和猎聘网等。

（4）市场预测：采用预测建模技术来预测未来的职业机会和行业需求。常用的工具有社会科学统计软件包（Statistical Package for the Social Sciences，SPSS）和 Python 语言的 Pandas 数据分析库等。

小贴士 2

官方职业信息数据查询平台

官方职业信息数据查询平台包括但不限于以下几个：

（1）国家统计局官网（https://www.stats.gov.cn）如图 3-1-6 所示，是国家负责收集、编制和发布全国范围内的统计数据（包括经济、社会、人口等各个方面数据）的政府官方网站。其中，关于就业的数据，如就业人口、失业率、城镇单位就业人员工资等，都是国家统计局定期发布的统计数据，可以在“数据查询”或“统计公报”等栏目中查找。

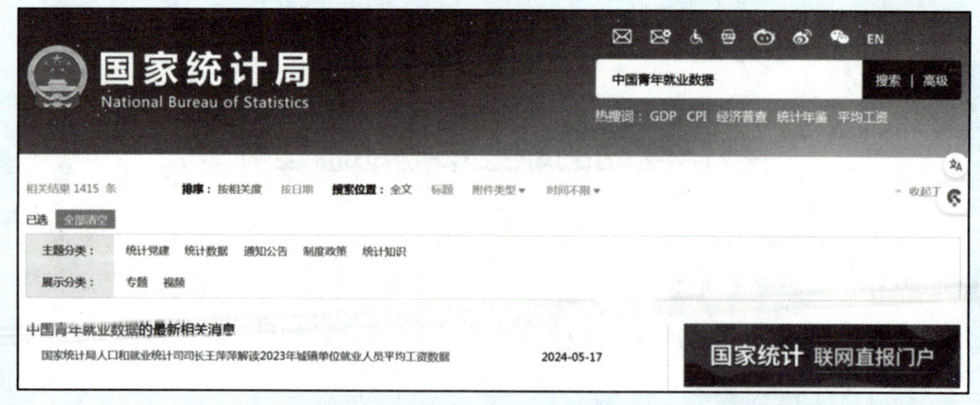

图 3-1-6　国家统计局官网

（2）中华人民共和国人力资源和社会保障部官网（https://www.mohrss.gov.cn）如图 3-1-7 所示，是国家在人力资源和社会保障领域的政府官方网站。该网站发布了大量关于中国劳动法规、政策解读、统计数据等信息，同时也会发布关于就业创业、社会保障、劳动关系等方面的动态和通知。

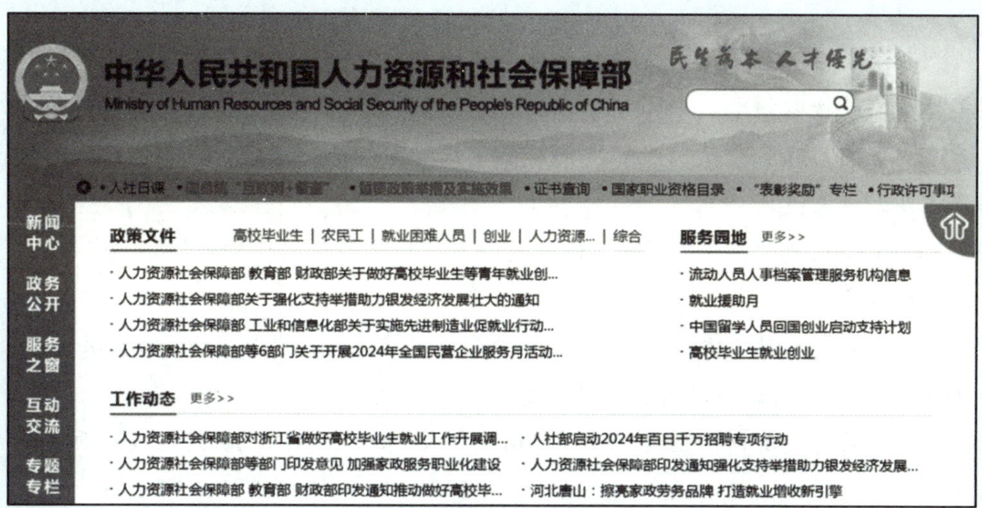

图 3-1-7　中华人民共和国人力资源和社会保障部官网

（3）中国就业网（https://chinajob.mohrss.gov.cn）如图 3-1-8 所示，它是由人力资源社会保障部主管、中国就业培训技术指导中心主办的大型就业培训门户网站。它提供各类就业信息，包括国内外就业服务、创新创业、培训鉴定、劳动关系、社会保障等信息，这使它成为一个权威的职业信息获取平台。

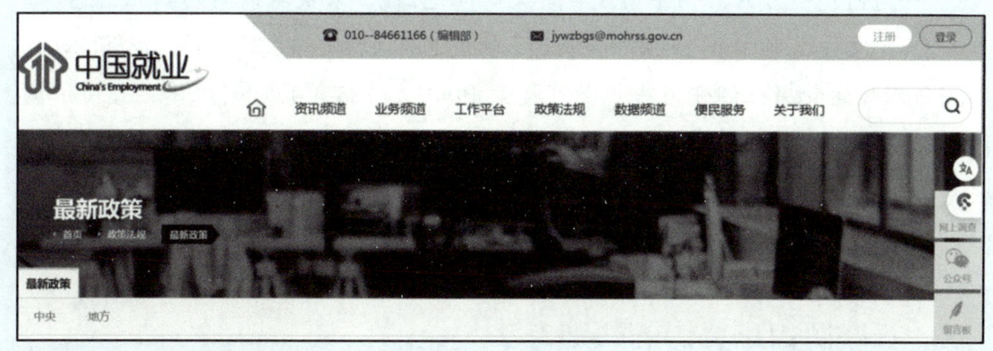

图 3-1-8　中国就业网

小贴士 3

百度搜索引擎高效使用指南

百度支持丰富的搜索技巧，帮助用户快速定位所需信息。掌握以下技巧可提升我们的搜索效率。

（1）使用双引号精确匹配搜索：使用双引号包含关键词，以确保搜索结果严格匹配该关键词。

（2）使用减号排除关键词：利用减号“–”排除不想显示的关键词，例如“产品经理–高级”，以过滤掉“高级”二字。

（3）指定网站搜索：通过“site:”命令指定搜索范围，如“site: zhaopin.com 软件工程师”，以仅在指定网站内搜索。

（4）特定关键词的位置：使用“inurl”或“intitle”查找在网址或网页标题中包含特定关键词的页面，如“intitle: 招聘 inurl: 软件工程师”，那么搜索结果就会列出标题中包含“招聘”且网址中含有“软件工程师”的页面。

（5）占位符搜索：星号“*”可用作占位符，以进行模糊搜索，如“*产品经理职责”即可模糊搜索与“产品经理职责”有关的结果。

（6）多关键词搜索：“OR”操作符可连接多个关键词来一并搜索，如“全媒体运营师 OR 产品经理”。

（7）时间筛选：利用时间筛选工具可快速筛选最新信息，确保资讯的时效性。如在搜索结果页，可通过点击“搜索工具”，选择不同的时间范围（如一天内、一周内、一月内、一年内或自定义时间范围），来获取最新的职业信息。

（8）文件类型搜索：使用“filetype:”命令可寻找特定格式的文件，如“filetype: pdf 新媒体运营岗位调查报告”即可搜索 PDF 文件格式的“新媒体运营岗位调查报告”。

三、互联网信息真伪的甄别方法

在这个信息爆炸的时代，辨别互联网信息的真伪是一项至关重要的技能。以下是一些基于批判性思维的甄别方法。

1. 源头鉴定

优先考虑来自知名网站、权威媒体和专业组织的信息，评估信息发布者的资质和动机，以推断其内容的可靠性。

2. 多元比对

参考多个来源交叉验证信息，以确认其真实性。这种方法有助于我们获得对信息更全面的理解，并避免由单一视角产生的偏见。

3. 及时更新

关注信息的时效性，优先处理最新的数据和消息。信息的时效性对判断其适用性至关重要。

4. 实际查证

深入调查信息包含的数据和事实，寻找原始来源来进行核实。要批判性地分析和解读数据，避免接收未经验证的信息。

5. 理性分析

对极端或偏激的信息保持警惕，并进行深入核查。保持批判性思维是识别潜在思维偏见和逻辑谬误的关键。

6. 专业协助

面对难以判断的信息，可寻求职业规划师或行业专家的帮助。专业知识是提高判断准确性的有力基础。

这些方法可帮助我们在浩瀚的互联网信息中有效地筛选和评估目标信息，避免受到错误或误导性信息的干扰，从而做出更加理性和明智的决策。

小贴士

互联网职业信息甄别的工具

在互联网上搜集职业信息时，学会甄别信息的真伪对我们尤其重要。以下是一些实用的甄别工具，可以帮助我们高效识别和验证职业信息的真实性。

（1）官方发布渠道

新华网、中国政府网：官方渠道发布的信息具有很高的可信度。对于甄别政策、法规等官方信息，可直接参考这些政府官网或官方媒体网站。

（2）事实核查工具

中国互联网联合辟谣平台：由中央网络安全和信息化委员会办公室违法和不良信息举报中心主办、新华网承办，为广大群众提供查询和举报网络谣言的官方渠道，是核查职业相关谣言和不实信息的可靠来源。

百度百科：由百度公司推出的一部开放、自由的网络百科全书，它提供了丰富的信息资源。在遇到不确定的信息时，可以在百度百科中搜索相关条目，获取更详细的解释和描述。

今日头条：该平台的“网络谣言曝光台”板块专门澄清网络上的谣言信息，是获取和验证信息的好渠道。

（3）专业论坛和社区

知乎：该平台作为热门的问答社区，汇聚了众多领域的专家和爱好者。在这里，我们可以找到许多专业人士对于特定话题的深入解读和分析，这可为我们判断信息的真实性作参考。

豆瓣小组：该平台包含部分专业小组，成员会分享和讨论行业动态和专业知识，可为我们判断信息真伪作参考。

（4）搜索引擎的高级搜索功能

百度高级搜索：通过设置具体的搜索条件（如时间范围、网站域名等），我们可以更精确地找到所需信息，从而验证信息的时效性和来源的可靠性。

知识拓展

大数据与人工智能技术在职业信息处理中的应用

在职业发展和市场分析中，大数据与人工智能技术的应用已成为一个不可或缺的部分。这些技术可从新的视角来理解和预测职业趋势，从而帮助我们做出更为明智的决策。

一、大数据技术在职业信息处理中的应用

大数据技术在职业信息处理中的应用主要体现在以下几个方面。

1. 职业市场趋势分析

大数据技术能够处理和分析海量的职业数据，帮助我们理解特定行业或职位的市场趋势，其中包括职位需求的增减、薪资变化趋势，以及职业发展的新方向。

2. 薪资水平分析

通过分析大规模的薪资数据，大数据技术可以揭示不同行业、不同地区，以及不同职位的薪酬标准，为我们提供有价值的薪资参考。

3. 技能需求分析

大数据技术能够识别行业内急需的技能和资质，帮助我们了解哪些技能是提升就业机会的关键。

4. 职位匹配和推荐

大数据技术可以更准确地匹配我们的技能和职位要求，并向我们推荐最适合的职业机会。

二、人工智能技术在职业信息处理中的应用

人工智能（Artificial Intelligence，以下简称 AI）技术，特别是机器学习和自然语言处理技术，在职业信息处理中的应用越来越广泛，主要体现在以下几个方面。

1. 职位描述的自动化解读

AI 技术可以自动分析职位描述，提取其中的关键技能和要求，帮助我们快速地了解职位需求。智谱清言 AI 应用示例如图 3-1-9 所示。

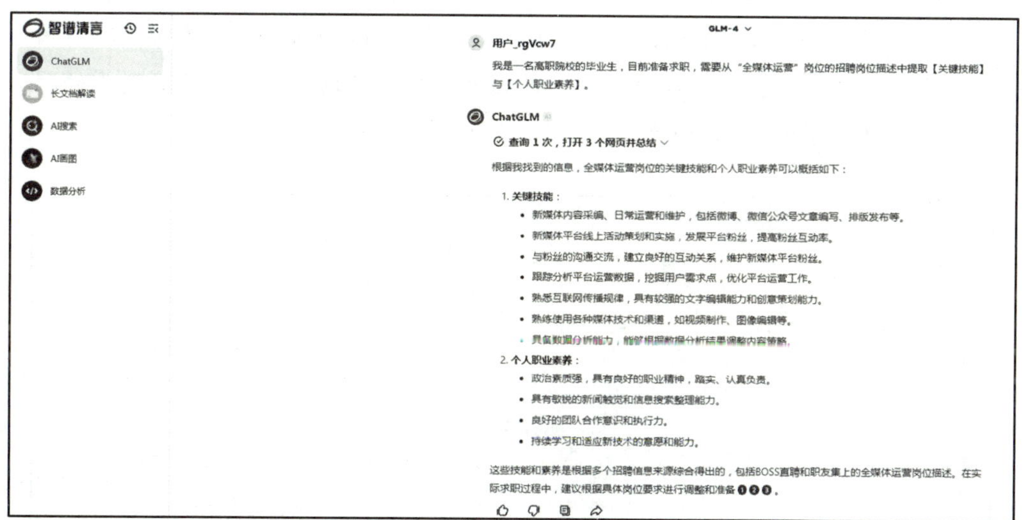

图 3-1-9　智谱清言 AI 应用示例

2. 技能要求和行业动态分析

自然语言处理技术可以分析行业报告、新闻文章等，提供对行业动态和技能发展趋势的洞察。

3. 职业机会匹配

AI 技术能够根据我们的经历、技能和偏好，为我们匹配最适合的职位，甚至预测

未来的职业路径。

4. 职业发展规划

AI 技术可以为我们提供定制化的职业发展规划建议，包括推荐学习资源、技能提升路径和职业发展机会等。

综上所述，大数据和人工智能技术正日益成为职业信息处理和决策过程中不可或缺的工具。通过应用这些先进技术，我们能够更好地理解复杂的职业市场，为个人职业发展提供科学、高效的参考。

小贴士

如何利用人工智能辅助搜集职业信息

在数字化时代，人工智能技术的应用显著提高了职业信息搜集的效率和准确性。以下是一些广泛使用的 AI 工具和平台，及其在职业信息搜集中的应用。

（1）AI 驱动搜索工具

如文心一言、讯飞星火等人工智能模型，它们可以利用 AI 技术深度理解用户的查询意图，提供更加精准和高效的搜索结果，帮助用户快速找到所需的职业信息。讯飞星火 AI 驱动搜索示例如图 3-1-10 所示。

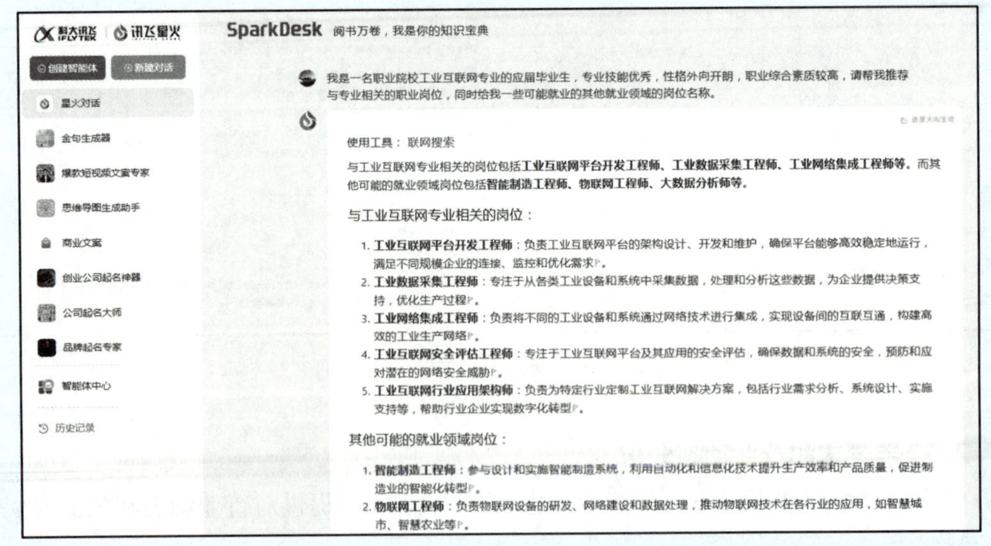

图 3-1-10 讯飞星火 AI 驱动搜索示例

（2）职业推荐系统

如智联招聘、前程无忧、BOSS 直聘等平台，可以通过 AI 算法分析用户的简历和工作经验，提供个性化的职位推荐，帮助用户发现最适合自己的职业机会。

活动拓展

使用互联网平台搜集职业信息

在此课堂活动中，我们将学习如何有效地利用互联网平台搜集特定的职业信息，加深我们对使用互联网资源进行职业信息查询与评估的理解，并深入理解批判性思维在评估职业信息时的重要性。

一、活动目标

1. 学会使用各类互联网平台搜集职业信息。
2. 培养批判性思维，提升识别和评估信息的能力。

二、活动时间

20 min。

三、活动步骤

活动步骤见表 3-1-1。

表 3-1-1　活动步骤

步骤	具体要求
职业信息查询	（1）各小组成员自行分工，在互联网上查询目标岗位的相关职业信息，如行业发展趋势、就业数据等，从中筛选高质量的职业信息 （2）通过各类互联网平台查询与本小组目标岗位相关的新闻或观点，深入分析，讨论其内容的可信度、可能存在的偏见和信息深度
问题引导	根据职业信息搜集检查表（见表 3-1-2）提出的一系列思考问题，各小组系统地分析和评估搜集到的信息
结果展示与分享	各小组根据自己的查询和分析结果，分小组进行职业信息汇报，并分享发现和分析过程，以及在进行职业信息查询和批判性分析过程中的体会、问题和心得
总结与反馈	教师对各小组的分享及讨论情况进行总结，并介绍使用互联网平台进行职业信息查询与评估的经验

表 3-1-2 职业信息搜集检查表

评估要素	思考问题
信息源头	信息是在哪个网站、媒体或组织发布的？信息源头的信誉如何？
发布日期	信息是什么时间发布的？信息是否仍然有相关性和时效性？
作者背景	发布这条信息的作者是谁？有何种专业背景或资质？
内容可靠性	信息的内容是否有依据？是否被其他来源所证实？
可能存在的偏见	发布这条信息的动机可能是什么？是否有可能存在偏见或特定的利益驱动？
信息深度	信息是否提供了足够的细节？是否对主题有深入的探讨？

利用数字技术搜集职业信息

本作业将在完成了模块二课后作业的基础上，学习利用数字工具和批判性思维有效收集、分析和应用职业信息。

一、信息优化

利用搜索引擎、招聘网站等对模块二课后作业中的职业信息进行补充和完善，包括但不限于职位描述、技能要求、薪资范围、行业趋势、未来发展趋势等。

二、深度搜集

通过社交媒体、行业论坛、专业网站及 AI 工具进一步搜集目标职业的实时动态和专业人士的观点。

三、真伪甄别

根据信息源头、发布日期、作者背景等，对搜集到的信息进行真伪甄别，评估搜集的信息的可信度、偏见和相关性。

四、信息整合与分析

整合搜集的信息，利用 AI 工具分析目标职业的核心要求和未来发展趋势。

五、反思与总结

反思在信息搜集和分析过程中获得的经验和遇到的挑战，总结信息搜集与分析的技巧，以及如何在职业规划中应用这些信息。

六、撰写报告

撰写一份报告（字数为 800～1 000 字），总结搜集的信息，以及使用数字技术过程中的发现和体会、对信息来源的评估和对个人职业规划的影响。

课题二　利用数字化工具整理与分析职业信息

在本课题中，我们将深入探讨数字技术在个人职业规划中的应用，学习如何使用数字化工具整理与分析职业信息，运用社交媒体、职业社交平台和在线学习资源等工具构建个人品牌和拓展职业网络，提高自己的行业知名度和影响力。通过本课题的学习，我们将能更高效地管理职业信息，做出明智的职业规划与决策，增强职业竞争力。

学习目标

1. 学习并理解职业信息整理与分析的关键维度。
2. 掌握利用数字化工具整理与分析职业信息的技巧。
3. 培养有效利用数字化工具进行职业规划与决策的能力。

2 学时。

本课题的思维导图如图 3-2-1 所示。

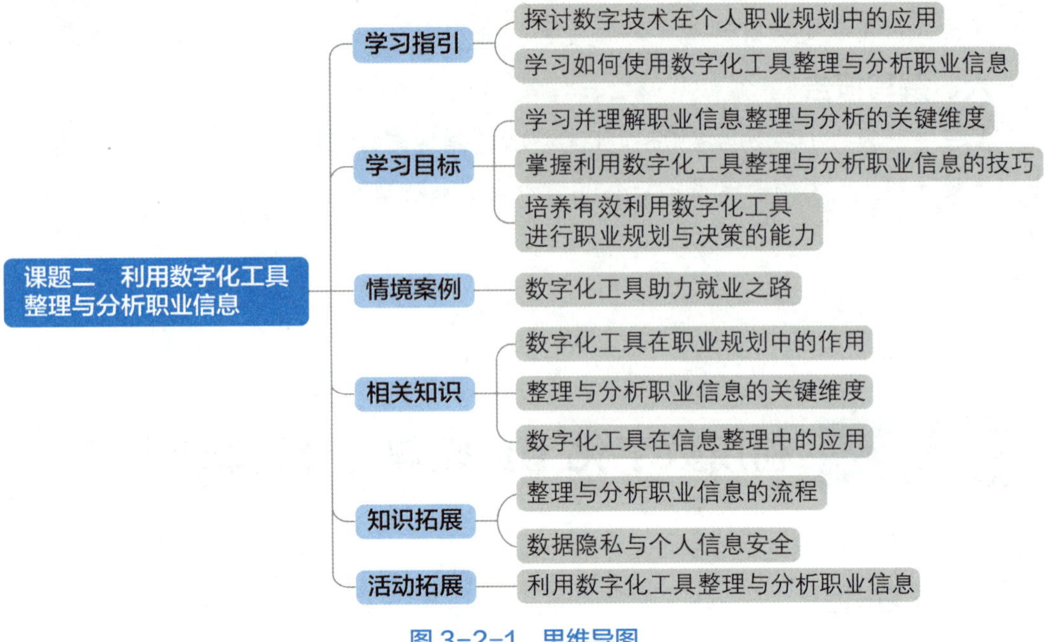

图 3-2-1 思维导图

情境案例

数字化工具助力就业之路

小冯是一名某职业院校工业互联网专业学生，临近毕业，他主要通过校园招聘会和一些传统的招聘网站寻找工作机会。然而，这些方式往往不能提供全面的行业动态或进行及时的职位更新，这种信息获取的局限性让他感到迷茫和焦虑，担心自己会在激烈的职场竞争中处于不利地位。

在职业规划师的建议下，小冯参加了一场主题为“数字化工具助力就业之路”的职业指导工作坊。该工作坊介绍了多种数字化工具的高效应用方法，不仅为小冯的职业信息收集提供了新途径，还使他在职业定位与决策上开启了新视角。

小冯首先在职业社交平台上构建了自己的职业档案，定期浏览工业互联网领域的关键企业和行业精英分享的最新动态和职位信息；其次在在线论坛与社区积极参与工业互联网相关的讨论，通过分享和评论与同行互动，拓展知识领域，建立宝贵的职业联系；然后通过系统性地在线

学习深入了解大数据分析、云计算等工业互联网专业核心课程，提升专业技能；最后使用信息管理工具规划求职流程，将整个求职活动划分为细小的可管理任务，并设定清晰的目标和时间表，使求职过程井然有序。

通过以上这些策略，小冯成功地获得了理想的工作机会。

【情境分析】

小冯的经历展示了有效利用数字化工具整理与分析职业信息的方法。随着数字技术的迅速发展，我们应主动探索并灵活应用多样的数字化资源，这不仅有助于提升我们在激烈的职场环境中的竞争力，还能使我们更好地适应职场的快速变化。更关键的是，这可以培养我们持续学习的习惯和积极面对挑战的态度，这对实现个人职业目标和推进职业生涯的长期发展至关重要。

相关知识

一、数字化工具在职业规划中的作用

数字化工具不仅能让我们随时获取丰富的职业信息，还能帮助我们建立宽广的职业网络、明确职业目标、提升个人技能，并有效地构建和推广职业个人品牌。数字化工具在职业规划中的作用包含以下几点。

1. 职业信息获取

通过智联招聘、BOSS 直聘等招聘网站，微信、抖音等社交媒体，以及知乎、豆瓣等专业论坛，我们能够轻松获得关于专业知识、行业动态和职位空缺的最新信息，这些平台提供的及时、全面的职业信息可以辅助我们做出明智的职业选择。

2. 职业网络建立和人脉拓展

良好的职业网络是职业发展的重要资产，它为我们提供了丰富的资源和机遇。通过脉脉和微信群等社交媒体，我们可以与同行业的专业人士建立联系，甚至找到未来可能合作的伙伴或导师。

3. 职业规划和目标设定

利用腾讯文档、钉钉和飞书等任务管理工具，我们可以清晰地规划职业路径和设定职业目标，这些工具让我们的职业规划更加有序，帮助我们朝着设定的目标稳步前进。

4. 学习和能力提升

网易云课堂和中国大学 MOOC 等在线学习平台提供了丰富的课程资源，覆盖了各种基础技能和专业知识的教学，持续的学习和技能提升对于职业发展至关重要，这些平台使我们能够灵活地学习和提升能力。

5. 个人职业品牌建设

通过微博、微信公众号、抖音、快手或小红书等社交媒体分享我们的专业见解和成就，可以逐步构建和增强我们的个人职业品牌，一个强大的个人品牌将提高我们在行业内的可见度，为我们吸引更多的职业机会。

有效运用以上这些数字化工具，我们不仅能够更高效地进行职业规划和发展，还能在激烈的职场竞争中脱颖而出，实现职业目标。

小贴士

个人职业品牌建设与职业网络拓展

在职场中，建立一个强大的个人职业品牌和广泛的职业网络至关重要。这不仅能提高行业知名度，还能为职业发展开启新机遇。个人职业品牌建设与职业网络拓展的策略包含以下几点。

（1）定位个人品牌

识别我们的专业优势和兴趣，明确我们想要传达的品牌信息，这将帮助我们在社交媒体和专业平台上更精准地定位自己。

（2）维护社交媒体形象

选择与我们的职业目标和品牌定位相符的平台（如微博、微信、抖音或小红书）来分享专业内容和见解，定期更新，保持与受众的互动，增强个人影响力。

（3）扩展职业网络

通过参加行业会议、活动和在线论坛，积极建立和维护职业网络。不要忘记在社交平台更新我们的成就和职业进展，吸引更多的关注。

（4）监测与调整

使用社交媒体分析工具监测个人品牌效应，根据反馈调整我们的策略和内容。持续优化能帮助我们保持个人品牌的相关性和吸引力。

通过上述策略，我们可以有效利用数字化工具和平台来建设职业个人品牌和扩展专业网络，为我们的职业发展铺平道路。

二、整理与分析职业信息的关键维度

在职业规划过程中，深入整理并分析职业信息的不同维度至关重要。这些维度提供了全面的视角来评估职业机会和发展路径，从而为我们制定更加科学的职业决策提供依据。整理与分析职业信息的关键维度包含以下几点。

1. 行业发展趋势

行业发展趋势包括行业增长预测、新兴技术发展，以及市场需求变化等。深入了解行业发展趋势有助于我们识别未来的就业机会和行业需求，为职业选择和技能提升提供参考。

2. 职位需求和特性

职位需求和特性包括职位的需求量、必需的技能和资格，以及具体的工作职责等。了解与个人技能和兴趣相匹配的职位的相关信息，可以帮助我们确定需要的培训或进修方向，以提高就业竞争力。

3. 薪酬和福利

薪酬和福利指不同行业、地区和职位的薪资标准、福利待遇，以及晋升机会等。了解行业、地区和职位的薪资水平，可为我们的职业发展规划和薪酬谈判提供重要依据。

4. 公司文化和工作环境

公司文化和工作环境包含企业的价值观、工作环境质量、团队氛围，以及员工福利等。选择与个人价值观相契合的公司文化和工作环境，对于提升我们的职业满意度和长期发展至关重要。

5. 职业发展路径

职业发展路径包括职业晋升途径、发展机会，以及职业转换的可能性等。明确职业发展的潜在路径，有助于我们规划个人的长期职业目标和发展战略。

6. 市场和地区特性

市场和地区特性是指不同区域的职业市场特点和就业机会。应选择最适合我们个人职业发展的地理位置和市场环境，以优化职业规划的实施效果。

三、数字化工具在信息整理中的应用

信息整理是指对收集来的数据进行分类、整合和组织，使其变得有序并易于检索和应用。在此过程中，数字化工具的应用极大地提升了我们处理信息的效率，借助这些工具，我们可以更便捷、系统地管理和分析与职业发展相关的信息，从而显著提高职业决策的准确性和有效性。数字化工具在信息整理中的应用包含以下几种。

1. 模板和分类功能

企业办公工具(如印象笔记等)中的模板功能可以快速搭建个人专属的工作笔记模板，这有助于高效进行信息分类和存储。印象笔记的模板界面如图 3-2-2 所示。

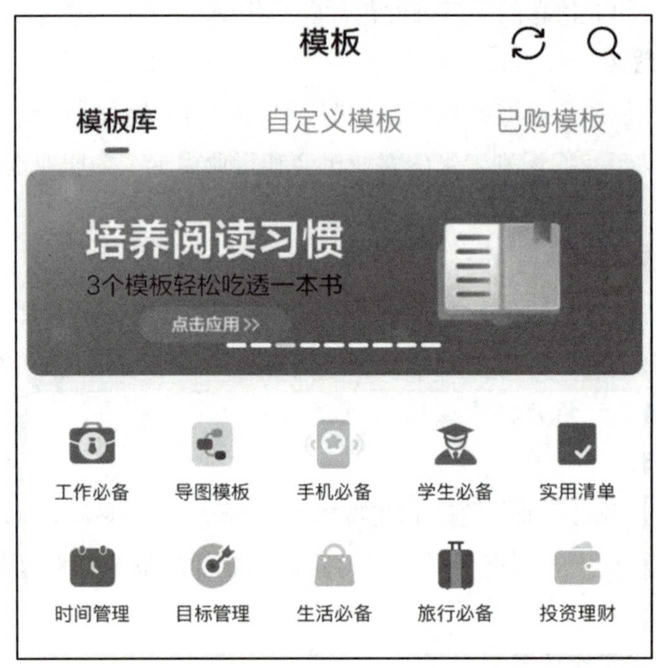

图 3-2-2　印象笔记的模板界面

2. 笔记和文档工具

数字笔记工具(如有道云笔记等)允许我们创建、整理和管理各种形式的笔记和文档,包括会议记录、研究报告等。这些工具的云同步功能还可确保数据随时随地可访问。

3. 书签和收藏夹功能

浏览器的书签或收藏夹功能可保存重要网页链接,便于日后访问和参考,一些浏览器插件还允许用户对网页链接进行注释和分类。

4. 数据库和电子表格工具

电子表格(如 WPS Office Excel 等)是处理和分析结构化数据的强大工具，它具有支持数据排序、筛选和可视化等功能，非常适用于薪资对比、职位需求分析等场景。

5. 信息管理工具

信息管理工具(如钉钉、飞书等)提供了一站式解决方案，用于整理任务、项目和笔记。它促进了团队协作,也适用于个人的职业发展规划。钉钉官网的主界面如图 3-2-3 所示。

图 3-2-3　钉钉官网的主界面

6. 搜索和过滤功能

高级搜索和关键词过滤功能可以帮助我们更准确地找到所需职业信息，学会使用这些功能，可以大大提高信息检索效率。

7. 数据清洗和整理工具

对于需要处理大量数据的场景，Python 语言的 Pandas 数据分析库、SQL 数据库等工具能够帮助我们进行数据去重、格式转换、筛选和清洗等，为后续的数据分析打下坚实基础。

通过灵活运用上述数字化工具，我们可以更有效地管理职业信息，为职业规划和决策提供有力的参考。这些工具不仅提高了我们处理信息的效率，也使我们对职业市场的理解更深入。

小贴士

职业信息管理的实用技巧

（1）关键词策略精细化

在百度等搜索引擎中使用布尔逻辑操作符（如“AND”“OR”“NOT”）优化搜索查询结果，精确定位所需信息。

（2）信息源多样化

综合利用多种信息源，如行业报告、专业论坛和招聘网站等，以获取全面的职业视角。

（3）信息的审核与更新

利用企业微信或钉钉的订阅功能，关注行业相关官方账号，接收最新行业报告和动态。

（4）云存储的高效运用

使用腾讯文档或阿里云文档的协作功能，实时记录和共享会议笔记或重要发现。这些工具支持多人在线协作编辑，方便团队成员间的信息共享和沟通。

（5）数据整理常态化

使用钉钉或腾讯文档中的任务管理功能，对职业发展目标和任务进行可视化管理。这些工具提供了任务分配、进度跟踪和团队协作功能。

（6）技能的持续提升

通过网易云课堂和中国大学 MOOC 等在线学习平台，学习数据分析和数据可视化等技能。这些平台提供了丰富的课程资源，覆盖数据科学、商业分析等领域。

（7）实际应用的加强

利用腾讯会议或钉钉的在线演示功能，将职业规划结果和分析报告进行动态展示。这些工具支持远程演示和实时互动，便于向导师或同学展示你的职业规划。

（8）效果的评估与优化

利用问卷星或腾讯问卷等在线问卷调查平台，收集对我们的职业规划的反馈意见。这些工具提供了灵活的问卷设计和数据分析功能，可帮助我们根据反馈调整职业规划策略。

知识拓展

一、整理与分析职业信息的流程

在快速变化的职业市场中，有效地整理与分析职业信息可以帮助我们在职业规划和发展过程中做出明智的决策。整理与分析职业信息的流程包括以下几个阶段：

1. 信息收集阶段

通过明确的关键词（如专业名称、行业术语、职位级别等）在多样化的信息源中搜

集相关职业信息。建议关注校园招聘信息、职业规划公众号、行业领袖微博，以及领英等平台，以获得全面的行业和职位动态信息。

2. 信息筛选与分类阶段

使用简单易用的工具（如腾讯文档、有道云笔记等）对收集到的信息进行筛选和分类。建议创建不同的文件夹或笔记本，按行业、公司或职位类型等将获取的信息分类，便于后续快速查找和比较。

3. 数据分析阶段

利用 WPS Office Excel 等基础工具，对职业信息（如职位要求、薪资范围、地区分布等）进行简单的数据分析。建议使用基本的图表（如柱状图、折线图等）来可视化分析结果，理解行业趋势和职位特点。

4. 信息整合与可视化阶段

将对职业信息的分析结果整合成一份清晰的职业规划报告或演示文稿。建议使用微信公众号平台或 WPS Office PowerPoint 等工具，展示自己的职业兴趣、对目标职位的分析，以及对实现目标路径的规划。

5. 决策支持阶段

基于整理和分析的信息，明确职业目标，评估个人优势和劣势，制定匹配的职业发展策略。建议定期回顾并调整职业规划，以适应行业变化和个人成长。

6. 信息更新与追踪阶段

保持对行业动态和职业机会的持续关注。建议通过微信订阅号等平台订阅感兴趣的行业新闻和公司动态，保持信息的时效性和准确性。

二、数据隐私与个人信息安全

在数字时代，保护数据隐私与个人信息安全是职场人士必须掌握的技能。无论是在职业信息的搜集、整理还是分析过程中，我们都应当采取适当的策略来保护敏感数据不被未经授权地访问、使用或泄露。以下是几种保护数据隐私与个人信息安全的策略。

1. 了解数据保护相关的法律和政策

学习关于数据保护的法律和政策，确保在收集、存储和处理个人信息时符合相关法律规定。

2. 使用复杂密码和多重验证

为涉及个人信息和职业信息的所有账户设定复杂密码，并在可行的情况下启用多重验证方式，以提升账户的安全性。

3. 保持软件和系统更新

定期更新操作系统、浏览器和应用程序。软件更新通常包含安全修复，可以保护我们的设备，使其免受新发现的安全威胁的影响。

4. 谨慎分享信息

在社交媒体和职业平台上分享信息时要特别小心。避免公开过多个人的详细信息，包括地址、电话号码或出生日期等敏感信息。

5. 使用安全的网络连接

避免在公共 Wi-Fi 网络上处理敏感的职业信息。在使用虚拟专用网络（VPN）时可以增加一个安全层，以保护我们的数据在传输过程中的安全。

6. 定期备份数据

定期备份重要的职业信息和个人数据。这样，在数据丢失或系统受损时，我们可以迅速恢复信息，减少损失。

7. 了解并使用隐私保护工具和服务

利用隐私保护工具和服务（如使用端到端加密的通信应用和邮件服务），以保护数据传输过程中的隐私和安全。

8. 警惕网络钓鱼和诈骗

对任何要求我们提供登录凭据或个人信息的可疑邮件、消息或电话保持警惕，确保来源的真实性后再分享信息。

通过采取以上这些策略，我们不仅可以确保个人信息的安全，还能在职业生涯中树立良好的数据保护意识，为个人和所属机构带来更强的安全防护。

活动拓展

利用数字化工具整理与分析职业信息

在此课堂活动中，我们将在本模块课题一的基础上，通过实践操作进一步加深利用数字化工具整理与分析职业信息的能力。

一、活动目标

1. 增进对特定行业或职位的深入了解，包括行业发展趋势、技能需求、薪酬范围等。
2. 强化利用互联网平台和数字化工具整理与分析职业信息的能力。

二、活动时间

30 min。

三、活动步骤

活动步骤见表 3-2-1。

表 3-2-1　活动步骤

步骤	具体要求
信息整理	各小组利用课堂学习的各类数字化工具，对课题一活动拓展中搜集的职业信息进行整理，包括但不限于行业发展趋势、职位需求、技能要求、薪酬范围等
信息分析	（1）对搜集的职业信息进行分析，识别其关键趋势和工作要求 （2）使用各类数字化工具进行职业数据的分析和可视化呈现，以帮助理解和呈现分析结果
结果展示与分享	各小组将分析结果制作成演示文稿并轮流展示，其内容应包括信息搜集方法、分析过程、搜集和分析信息总结、关于行业或职位的关键发现，以及本次活动拓展对个人职业规划的影响等
总结与反馈	教师对各小组展示及分享情况进行总结，强调学习目标并提供专业建议

课后作业

职业信息的整合与分析

本作业将在完成了本模块课题一课后作业的基础上，进一步深入探索应用数字化工具进行职业信息的整合与分析，以便提高在实际职业规划中运用这些工具的能力，从而更好地适应和把握职业发展的机会。

一、职业信息的深化分析

针对课题一课后作业中的目标职业，使用数字化工具深入分析该职业的市场趋势、技能需求、薪资范围等关键信息。提高使用数字化工具进行数据分析和可视化呈现的技能，加深对目标行业和职位的理解。

二、信息整合与应用

整合通过不同渠道和工具收集的职业信息，利用电子表格软件（如 WPS Office Excel 等）或信息管理工具（如钉钉、飞书等）对信息进行分类、整理，并分析这些信息是如何支持我们的职业规划和决策的。增强我们自身的信息整合能力，学会如何将职业信息应用于职业规划中。

三、报告撰写

撰写一份报告（篇幅为 600～800 字），总结在整理和分析职业信息过程中的发现，遇到的挑战，以及自己是如何面对这些挑战的。思考本课题所学技能如何帮助我们在职业生涯规划中取得进步。

模块四
职业生涯人物访谈的准备与实施

学习指引

一、学习目的

职业生涯人物访谈可以帮助我们洞察行业，明确职业目标，形成个性化的职业发展策略。通过对本模块的学习，我们可以掌握职业生涯人物访谈从准备、实施到结果分析的全过程，提升职业生涯探索和规划的能力。

二、学习内容

本模块包括职业生涯人物访谈的准备和职业生涯人物访谈的实施两个课题，重点在于如何选择访谈对象、进行背景研究、制定访谈提纲，以及访谈时的沟通技巧、提问策略和信息记录方法。此外，我们还将学习在访谈后如何有效地整理和分析访谈内容，并将其应用于个人职业规划。

三、应用场景

本模块的内容可应用于多种场景，包括职业规划、学术研究和社会调研等。掌握职业生涯人物访谈相关技能能够帮助我们在面对职业发展决策时，做出更加明智的选择。

学习目标

1. **了解职业生涯人物访谈的概念并准备和实施访谈的关键步骤**：学会选择访谈对

象、进行背景研究，以及制定访谈提纲等。

2. 掌握职业生涯人物访谈的实施技巧和策略：学会建立良好沟通、有效提问、捕捉和记录关键信息，以及在访谈中应对突发情况的方法。

3. 学会有效地分析与应用职业生涯人物访谈结果：能够从访谈中提取对个人职业生涯规划有价值的信息，并据此制定或调整个人职业生涯发展策略。

思维导图

本模块的思维导图如图 4-0-1 所示。

图 4-0-1　思维导图

课题一　职业生涯人物访谈的准备

学习指引

在本课题中，我们将深入探讨职业生涯人物访谈的准备过程，它是成功进行访谈的前提和保证。通过学习本课题，我们将习得如何选择适合的访谈对象，如何进行有效的背景研究，以及如何编制一份详尽的访谈提纲。以上这些准备工作不仅能帮助我们在访谈中获取有价值的信息，还能提高访谈的效率和质量。

学习目标

1. 理解访谈与职业生涯人物访谈的概念。
2. 明确职业生涯人物访谈的核心阶段。
3. 学会编制职业生涯人物访谈提纲。

建议学时

2 学时。

思维导图

本课题的思维导图如图 4-1-1 所示。

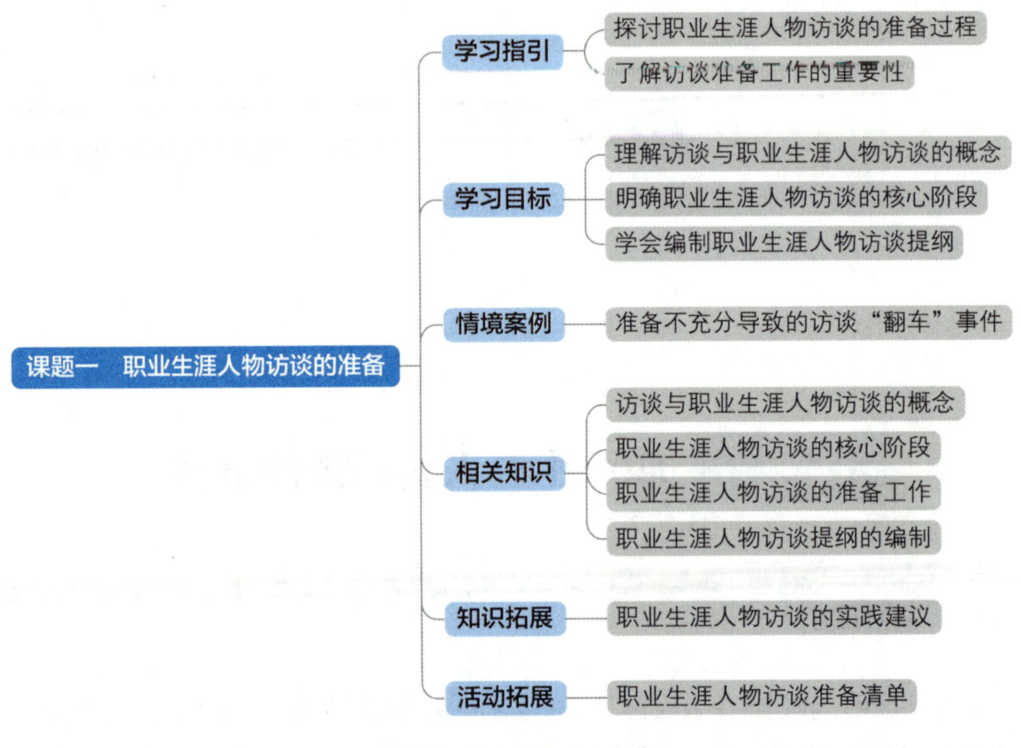

图 4-1-1　思维导图

情境案例

准备不充分导致的访谈“翻车”事件

小褚是一名某职业院校跨境电商专业的学生，他想尝试进行一次职业生涯人物访谈，以便为自己的职业发展提供决策依据。然而，由于在几个关键步骤上的疏忽，这次访谈并未达到预期效果。

首先，小褚在选择访谈对象时仅考虑了对方在跨境电商行业的知名度，并未对访谈对象的具体从业背景及其与自己职业兴趣的匹配度进行深入研究，从而导致访谈内容与小褚的个人发展目标不契合，小褚无法获取对自己真正有用的行业见解和职业发展建议。

其次，小褚没有制定详细的访谈提纲。他对如何有效进行职业生涯人物访谈的技巧和流程认识不足，在提问时缺乏针对性和深度。这导致访谈未能触及更有价值的信息，也让他在访谈中难以引导对话或深入探讨。

更重要的是，小褚未能明确访谈的具体目标。他对于自己希望从访谈中获得何种信息和见解缺乏清晰的认识，这导致访谈缺乏焦点和方向。

这次尴尬的经历让小褚意识到，在进行职业生涯人物访谈时，充分的准备至关重要。于是，他开始系统学习访谈的技巧和步骤，包括如何进行背景研究、如何制定访谈提纲，以及如何恰当地运用提问技巧。在职业规划师的指导下，他掌握了有效的访谈策略，不仅提高了自己的访谈技能，还在后续的访谈中成功获取了许多有价值的职业信息，为自己的职业生涯规划提供了有力的支持。

【情境分析】

小褚的经历展示了职业生涯人物访谈准备的重要性。首先，在选择访谈对象时必须考虑自身职业兴趣和访谈对象职业的匹配度，而非仅考虑对方的知名度，以确保访谈内容能够对自身的职业生涯规划产生实质性帮助。其次，明确访谈目标和制定详细的访谈提纲是成功访谈的关键，这有助于引导对话深入并触及有价值的信息。此外，有效的提问技巧能够促使访谈对象分享更深层次的见解。

相关知识

一、访谈与职业生涯人物访谈的概念

访谈是一种广泛应用于社会科学、心理学、教育学和市场调研等领域的通过与被研究对象进行交谈以获取研究数据的方法。这种方法可以以结构化、半结构化或非结构化的形式进行。

职业生涯人物访谈是访谈方法在职业生涯规划领域的特定应用，它特指通过与一定数量的、特定职业领域内的、具有丰富经验和成功经历的专业人士进行面对面的深入访谈，获得实践经验、行业信息和职业建议。实施职业生涯人物访谈的思维导图如图 4-1-2 所示。

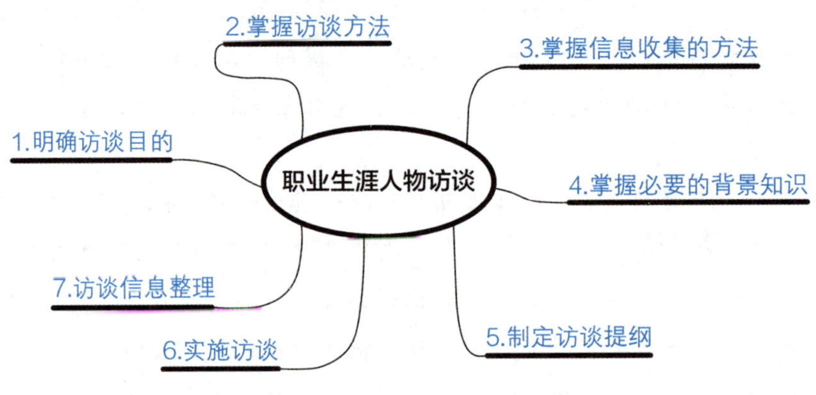

图 4-1-2　职业生涯人物访谈思维导图

在当今快速变化的时代，深入理解各种职业路径和洞察行业信息变得至关重要。职业生涯人物访谈作为个人职业生涯规划和发展的重要工具，提供了一个了解实践经验和理论知识的独特途径。通过与经验丰富的专业人士进行深入对话，我们可了解成功背后的故事、行业的实际情况，以及职业发展的多种可能性。这不仅可以帮助我们拓宽职业视野，也使我们能够明确自己的职业目标，从而在复杂多变的职业生涯中做出明智的决策。

二、职业生涯人物访谈的核心阶段

在探索职业发展路径时，了解行业内部的实际情况和听取经验丰富的专业人士的建议至关重要。通过职业生涯人物访谈，我们可以获得宝贵的见解和信息，为个人职业生

涯规划提供坚实的基础。以下是职业生涯人物访谈的三个核心阶段，它们构成了有效访谈的基础。

1. 准备阶段

此阶段是访谈成功的关键。访谈者应深入了解访谈对象的背景，明确访谈目的，并准备引导访谈深入进行的开放性问题，这些问题应设计得既有广度，又有深度，以便获得有价值的见解和信息。

2. 实施阶段

有效的沟通技巧和良好的倾听态度是此阶段的核心。通过适时的问题引导和采取积极的倾听姿态，确保访谈能够深入并且收获成效。这要求访谈者在交流中能够灵活应对状况，根据访谈进展适时调整提问策略。

3. 后续处理阶段

在此阶段应及时记录、准确整理和分析信息，使访谈者从访谈中提炼出对职业生涯规划有益的信息和见解。

三、职业生涯人物访谈的准备工作

在进行职业生涯人物访谈之前，有几项关键的准备工作是必不可少的。这些准备工作可确保访谈过程顺畅，让我们建立起与访谈对象的良好沟通关系，并能够获取有价值的信息。以下是职业生涯人物访谈准备工作的关键步骤。

1. 确定访谈目的

首先要明确访谈者希望从访谈中获得什么信息和见解，如特定行业的经验、职业发展建议或其他职业相关信息。

2. 选择合适的访谈对象

根据访谈者的职业生涯规划，在与其相关或感兴趣的领域选择访谈对象，通常指在该领域有丰富经验或取得显著成就的专业人士。

3. 提前准备问题

在访谈前准备一系列开放性问题，这些问题应涵盖访谈者感兴趣的主题和关注点，如职业经历、发展策略、行业趋势、技能要求等。

4. 了解访谈对象背景

研究和了解访谈对象的背景和职业历程，这有助于访谈者提出更具针对性的问题，展现访谈者对访谈对象的关注和尊重。

5. 安排访谈时间和地点

与访谈对象商定合适的访谈时间和地点。可根据双方的可行性和偏好，选择面对面访谈、视频访谈或电话访谈等。

6. 测试设备和技术

访谈者应确保拥有可靠的通信设备和工具，可进行顺畅的交流和记录，并提前测试音频和视频设备，确保其质量良好。

小贴士

职业生涯人物访谈中访谈对象的选择

在进行职业生涯人物访谈时，选择适当的访谈对象非常重要。以下是一些常见的访谈对象选择维度。

（1）职业领域

选择访谈者感兴趣或希望了解的职业领域相关的人物，他应该在该职业领域具有丰富的经验和专业知识。

（2）职业成就

选择在自身职业上取得显著成就的人物，他可能是行业的领军人物、成功的企业家或专业领域的权威人士。

（3）职业发展路径

选择有独特职业发展路径的人物，他的经历可以提供对于不同职业道路的见解和经验。

（4）背景或经历

选择与访谈者有相似背景或经历的人物，他可能来自相同的学校、行业或社会背景，能更好地理解访谈者的情况和需求。

综合考虑以上维度可以帮助访谈者选择适合的访谈对象，确保访谈者能够从他的经验和见解中获得有价值的职业信息和指导。

四、职业生涯人物访谈提纲的编制

为了深入探索和理解访谈对象的职业经验、见解及面对的挑战，准备一份全面且深入的职业生涯人物访谈提纲至关重要。有效的问题能促使访谈对象分享深层次信息和个人感悟。以下是编制职业生涯人物访谈提纲的几点指导原则和实践建议。

1. 编制要点

（1）明确访谈目的：在编制提纲之前，应明确访谈的主要目的和目标，这将指导整

个提纲的设计。

（2）综合考虑提问维度：确保提纲中的问题覆盖职业生涯的各个方面，包括职业路径、职业经验、行业趋势、职业挑战与机遇、成功经验、失败教训等。

（3）结构化提纲：提纲应具有逻辑性和结构性，便于我们按计划进行访谈，并能灵活应对访谈过程中的任何调整。

2. 关键提问要素

（1）开放性问题：开放性问题鼓励访谈对象提供详细的回答，通常以“如何”“为什么”或“能否描述”等词开头。这类问题可以促使访谈对象分享他的经历、观点和感受。例如“您是如何决定进入这个行业的？”，这类问题能够揭示访谈对象的深层思考和感受。

（2）封闭性问题：封闭性问题通常要求访谈对象做出简单的“是”或“否”的回答，或从有限的选项中进行选择。这类问题虽然有助于获得明确的信息，但不利于深入探讨。例如“您认为沟通技巧在您的职业中重要吗？”，这类问题适用于收集具体事实或数据。

（3）针对性问题：针对性问题紧密关联访谈的核心主题或目标，与访谈对象的职业背景和经验紧密相关。通过这类问题，访谈者可以获得对职业生涯规划有实际帮助的信息。例如“在您看来，本行业未来五年内最大的变化将是什么？”这类问题有助于获得专业的见解和预测。

（4）逻辑顺序：有效的问题设计还应包括问题设置的逻辑顺序，以便访谈对象更顺畅地分享信息。从一般问题到特殊问题，或按照职业生涯的时间线提问，有助于访谈对象系统地回顾和反思他们的职业发展。

小贴士

职业生涯人物访谈的关键提问维度

（1）职业历程

探讨访谈对象进入该职业领域的原因、职业发展的关键转折点等。

（2）成功与挑战

探讨访谈对象在职业生涯中的成功案例、面临的挑战及其应对策略。

（3）行业见解

了解行业的当前状况、未来趋势、行业内的机会与风险。

（4）职业建议

寻求对于职业新人或求职者的建议，以及对其职业规划和成长路径的推荐。

（5）个人成长

询问个人技能如何发展，持续学习的重要性及其方法。

3. 实践建议

（1）深度研究：在编制提纲前，对访谈对象的职业背景、成就和行业趋势进行深入研究，这有助于访谈者提出更具针对性和深度的问题。

（2）平衡问题的广度与深度：确保问题既能覆盖访谈对象的职业生涯，又能深入探讨特定的经验或见解。

（3）灵活调整：在访谈过程中，根据访谈对象的回答灵活调整问题或跟进提问，以深入挖掘有价值的信息。

遵循以上这些指导原则和实践建议，我们可以更有效地编制访谈提纲，并设计出能够引导深入对话的有效问题，最终实现对访谈对象职业经验和见解的全面了解和学习。职业生涯人物访谈提纲样例见表 4–1–1。

表 4–1–1 职业生涯人物访谈提纲样例

（1）开场白

访谈者自我介绍及说明访谈目的。

（2）关于职业历程的问题

访谈者向访谈对象询问如下问题。

1）您是如何发现并决定追求当前职业路径的？

2）在您的职业生涯中，哪些决策对您的职业发展产生了重大影响？

3）您职业生涯的转折点是什么？这些经历是如何塑造了您今天的职业形象的？

（3）关于成功与挑战的问题

访谈者向访谈对象询问如下问题。

1）能否分享您职业生涯中最自豪的一个项目或成就？

2）当面临重大职业挑战时，您通常采取什么策略来应对？

3）在您的职业生涯中，有没有失败的经历？您从中学到了什么？

续表

（4）关于行业见解的问题

访谈者向访谈对象询问如下问题。

1）您如何评价当前行业的发展趋势和未来方向？

2）对于刚刚进入或希望进入此行业的新人，您有哪些实质性的建议？

3）在您看来，行业内最具挑战性和机遇的领域有哪些？

（5）关于职业建议的问题

访谈者向访谈对象询问如下问题。

1）对于正在制定职业生涯规划的人，您有哪些建议？

2）您如何看待职业目标设定和职业路径规划的重要性？

3）在您的职业发展中，有哪些资源或策略对您特别有帮助？

（6）关于个人成长的问题

访谈者向访谈对象询问如下问题。

1）您是如何在职业生涯中保持个人技能的持续发展和更新的？

2）您认为哪些技能或习惯对于职业成功至关重要？

3）持续学习在您的职业生涯中扮演了怎样的角色？

（7）结束语

访谈者对访谈对象表示感谢，并询问是否有其他建议或想要分享的信息。

【小提示】在访谈时，应保持开放和倾听的态度，鼓励访谈对象分享更多个人见解和经验。

知识拓展

职业生涯人物访谈的实践建议

一、混合问题类型

综合使用开放性和封闭性问题，既获得具体信息又鼓励访谈对象深入分享。

二、灵活调整问题

根据访谈进展和访谈对象的反应，适时调整提问策略和问题内容。

三、准备备选问题

准备一些备选问题，以应对访谈中可能出现的意外情况。

遵循以上和实践建议，我们能够更有效地设计问题，深入挖掘并获得对我们职业生涯规划有重要价值的信息和见解。

活动拓展

职业生涯人物访谈准备清单

在此课堂活动中，我们将深入理解职业生涯人物访谈的准备工作。通过小组互动和讨论，学习如何明确访谈目的，进行有效的职业生涯人物背景研究，以及精心制定访谈提纲。

一、活动目标

1. 了解并掌握职业生涯人物访谈前的准备工作流程。
2. 能够搜集相关背景信息并编制访谈提纲。

二、活动时间

35 min。

三、活动步骤

活动步骤见表 4-1-2。

表 4-1-2　活动步骤

步骤	具体要求
确定访谈目的	各小组讨论并确定希望通过访谈了解的核心信息，如职业生涯发展路径、成功经验、面临的挑战等，并将以上内容填进职业生涯人物访谈准备清单（见表 4-1-3）中
选择并确定职业生涯人物	各小组选择一个小组成员共同认可的“职场榜样人物”作为访谈对象，他可以是行业的知名人士或职业榜样
研究职业生涯人物背景	（1）各小组成员使用模块三所学的数字技术和数字化工具，从互联网资源中搜集所选的职业生涯人物的相关背景信息，并完善表 4-1-3 中的对应部分 （2）职业生涯人物背景信息包括但不限于个人基本信息、职业历程、主要成就、个人价值观和工作理念、社会贡献等
制定访谈提纲	（1）基于背景研究，各小组分别制定一份包含开放性问题的访谈提纲，内容覆盖职业信息、工作技能、职业经历、职业发展、行业趋势等方面，并完善表 4-1-3 中的对应部分 （2）教师提供访谈提纲样例（见表 4-1-1），并对各小组的访谈提纲给予反馈和建议

续表

步骤	具体要求
总结与反馈	（1）教师强调在准备访谈过程中团队合作的重要性，以及如何有效利用数字技术和数字化工具进行背景研究 （2）分析各小组在活动中遇到的挑战，鼓励学生在未来的职业生涯人物访谈中应用本次活动中学习的策略和技巧

表 4-1-3　职业生涯人物访谈准备清单

访谈目的	职业信息	
	行业经验	
	职业建议	
职业生涯人物背景	个人基本信息	
	职业历程	
	主要成就	
	个人价值观和工作理念	
	社会贡献	

续表

访谈提纲	职业信息方面	（1） （2） （3）
	工作技能方面	（1） （2） （3）
	职业经历方面	（1） （2） （3）
	职业发展方面	（1） （2） （3）
	行业趋势方面	（1） （2） （3）

课后作业

职业生涯人物访谈准备报告

本作业将通过撰写职业生涯人物访谈准备报告的方式，加深我们对职业生涯人物访谈准备阶段的理解和应用能力。我们将通过实际操作，学习如何选择合适的访谈对象，进行有效的背景研究，并制定有针对性的访谈提纲。

一、访谈对象选择

根据个人职业兴趣和未来规划，选择一个合适的职业生涯人物作为访谈对象。访谈对象可以是行业内的专家、企业家，或是在特定领域有杰出贡献的人物。

二、访谈对象背景研究

利用互联网资源、书籍、期刊等，搜集所选访谈对象的背景信息，包括但不限于个人基本信息、职业历程、主要成就、社会贡献等。

分析搜集的信息，总结出与我们的职业兴趣和规划相关的关键点。

三、访谈提纲制定

基于背景研究的结果，制定一份详细的访谈提纲。该提纲应涵盖访谈对象的职业路径、成功经验、行业见解等方面，确保问题开放、有深度，并能引导出有价值的信息。访谈提纲应包括开场白、主体问题、结束语等部分，体现清晰的逻辑结构。

四、报告撰写

撰写一份报告（篇幅 3～5 页），格式规范，内容完整。在报告中详细说明选择访谈对象的原因，访谈对象背景研究过程和主要发现，访谈提纲的制定过程，以及期望通过访谈了解的信息。

报告应清晰、条理明确，反映我们对职业生涯人物访谈准备工作的深入理解。

课题二　职业生涯人物访谈的实施

学习指引

在本课题中，我们将深入探索和实践职业生涯人物访谈的实施环节，提升访谈技巧。通过学习本课题，我们将学会如何在访谈中建立良好的沟通关系，有效提问，以及捕捉和记录关键信息。此外，我们还将探讨如何在访谈结束后对信息进行整理和分析，以便将其有效应用于个人职业生涯发展规划中。

学习目标

1. 了解职业生涯人物访谈实施过程的核心要素。
2. 能够对职业生涯人物访谈结果进行有效分析和应用。

建议学时

2 学时。

思维导图

本课题的思维导图如图 4-2-1 所示。

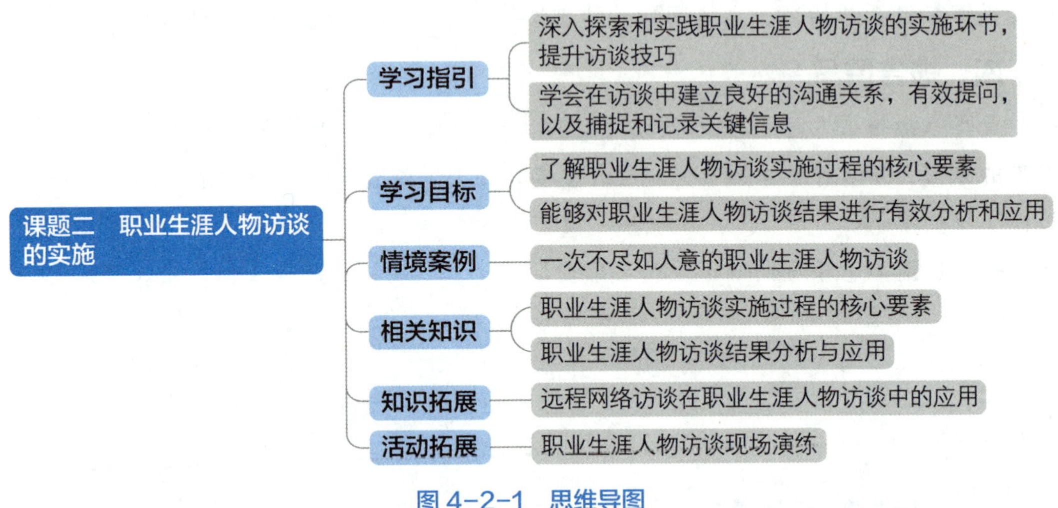

图 4-2-1　思维导图

情境案例

一次不尽如人意的职业生涯人物访谈

小卫是一名某职业院校会展服务专业的学生，对未来的职业生涯充满期待。他想尝试进行一次职业生涯人物访谈，以期从中获得对会展行业的深入理解和对自己职业发展的宝贵建议。然而，访谈的过程并非如小卫所愿。

访谈当天，小卫的紧张显而易见。一开始，他未能通过适当的寒暄来缓解气氛，而是直奔主题，这导致访谈一开始就缺乏应有的轻松氛围。在访谈过程中，他也忽视了非言语沟通的重要性，未能捕捉到访谈对象在叙述某些经历时的肢体语言和面部表情。

此外，小卫虽然在努力记录访谈内容，却忽略了去积极理解访谈对象传达的信息要点，这导致他的问题缺乏深度和针对性，无法引导访谈对象去讲述更多有价值的经验和见解。这不仅让访谈过程显得尴尬，还使访谈对象感受到小卫似乎并未真正理解他的回答。

访谈结束后，小卫也未能及时整理和分析访谈内容，随着时间推移，当他着手撰写访谈报告时，发现自己难以准确回忆起访谈中的重点内容，这导致报告内容贫乏。

这次不尽如人意的访谈经历让小卫产生了挫败感，也让他认识到了自己在访谈技巧和信息处理能力上的不足。他决定加强这方面的训练，如通过模拟访谈来提升自己的非言语沟通技巧和倾听能力，学习如何有效地整理和分析访谈信息等。

【情境分析】

小卫的经历展示了缺少准备和实践经验的学生在进行职业生涯人物访谈的过程中可能遇到的挑战。充分的访谈前准备是访谈成功的基础，在访谈过程中，主动倾听和有目的性地提问对于深入理解访谈对象的观点和经验至关重要，而访谈结束后及时整理和深入分析信息，是将访谈成果有效转化为个人职业生涯发展策略的关键步骤。

相关知识

一、职业生涯人物访谈实施过程的核心要素

在进行职业生涯人物访谈时，保证访谈过程的专业性与结果的有效性极为关键。以下几点访谈实施过程的核心要素是确保访谈成功的基础。

1. 尊重访谈对象

作为访谈者，必须尊重访谈对象的意见和感受，并接受他们选择分享或保留信息的权利。

2. 明确访谈目的

在访谈开始之前，应明确访谈的目的和期望达到的具体目标。制定一份清晰的访谈提纲，以帮助指导访谈的方向和焦点。

3. 积极倾听与观察

积极倾听，这不仅包括听取访谈对象的语言信息，也包括对他们的非言语信息（如面部表情、手势和语气）的观察。

4. 提出开放性问题

提出能够促使访谈对象详细分享信息的开放性问题，避免出现简单的“是”或“否”答案，以深入了解访谈对象的职业经历和感受。

5. 保持中立性

保持访谈者的中立性，避免在访谈过程中表达个人意见或进行评判，确保访谈环境的公正和客观。

6. 详细记录与确认

通过录音、录像或手写笔记等方式对访谈内容进行详细记录，以确保不遗漏任何关键信息。访谈结束时，确认记录信息的准确性。

7. 保护隐私

尊重并保护访谈对象的隐私权，对敏感信息进行妥善处理，确保未经允许不对外泄露敏感信息。

8. 保持耐心与同理心

在访谈过程中，对访谈对象展现出足够的耐心和同理心，营造一个让他感到舒适和被尊重的对话环境。

遵循以上核心要素，我们可以有效地实施访谈，获取丰富的职业信息，同时使访谈过程对双方都是一次积极且有意义的经历。

小贴士

职业生涯人物访谈实施过程中的小技巧

在实施职业生涯人物访谈时，掌握一些实用小技巧对于提高访谈质量和效果至关重要。以下是几点访谈实施过程中的小技巧。

（1）建立良好的访谈氛围

开始访谈前，简短的寒暄可以缓解紧张气氛。明确告知访谈对象本次访谈的目的和期望，可以让访谈对象感到舒适和被尊重。

（2）适应访谈对象的沟通风格

注意观察访谈对象的沟通方式和偏好，尽量调整自己的提问方式和沟通策略以适应对方，可以使沟通更加顺畅。

（3）克服紧张情绪

紧张是自然的反应，提前准备和练习可以帮助减轻紧张情绪。深呼吸、正面思考和清晰地了解自己的访谈目的有助于提升访谈者的自信。

（4）注意非言语提示

除了聆听访谈对象的语言外，访谈者还要注意观察访谈对象的非言语行为

（如肢体语言、表情变化等），这些往往能提供额外的信息和情感表达。

（5）处理访谈中出现的意外情况

面对突发情况时，保持冷静和专业是关键。如果访谈偏离主题，访谈者可以礼貌地将话题引向正轨；如果遇到敏感话题，访谈者应表达同理心和尊重，必要时转换话题。

（6）访谈结束后的礼节

访谈结束时，访谈者应感谢访谈对象付出的时间和分享的内容。访谈后，访谈者可发送一封感谢邮件或信件，以表达感激之情，这有助于维护良好的关系，并给访谈对象留下积极印象。

以上这些小技巧不仅有助于我们充分准备并进行有效访谈，还能促进与访谈对象之间的顺畅沟通，从而提高访谈的效果和收获更多有价值的信息。

二、职业生涯人物访谈结果分析与应用

在职业生涯人物访谈过程中，有效地分析与应用访谈结果对于个人职业生涯的规划和发展至关重要。以下步骤和技巧可帮助我们从访谈中提取有价值的信息，并将其有效整合到我们自身的职业生涯规划中。

1. 记录与整理访谈信息

（1）在访谈过程中，详细记录访谈对象的观点、经验和建议等关键信息。

（2）在访谈结束后，立即整理和分类信息，以便于后续的深入分析和应用。

2. 识别关键观点和见解

从记录的信息中识别出关键的观点和见解，注意区分访谈对象的直接经验、个人观点，以及行业趋势等不同类型的信息。

3. 对比分析

（1）将访谈中获得的信息与自己的职业兴趣、能力和职业生涯规划目标进行对比。

（2）分析访谈中获得的信息对我们的职业选择和发展路径有何启示和影响。

4. 寻找共性与差异

在访谈多位行业专家后，对比分析他们观点的共性和差异，获取行业或职业的多维度视角。

5. 形成行动计划

基于对访谈结果的分析，形成具体的行动计划，包括但不限于：

（1）需要进一步发展的技能和知识。

（2）需要建立和拓展的人脉关系。

（3）需要进一步探索和研究的职业领域。

通过这一系列步骤和技巧，我们不仅能够深入理解职业领域的实际情况和挑战，还能根据获得的见解明确自己的职业目标和发展方向，制订符合个人职业生涯发展需要的具体策略和计划。

小贴士

利用数字化工具记录和分析职业生涯人物访谈内容

在进行职业生涯人物访谈时，有效地记录和分析访谈内容对于后续提取有价值的信息至关重要。以下是一些适合使用的数字化工具。

（1）语音转文字工具

使用如讯飞听见、搜狗语音等语音转文字工具，可以将访谈内容实时转换为文本，提高记录效率。这些工具对于提高记录访谈内容的速度和准确性非常有帮助，尤其是在需要处理大量访谈数据时。

（2）音频和视频录制工具

使用如钉钉、腾讯会议等视频会议软件进行远程访谈时，利用其录制功能可保存访谈内容，方便后续进行回放和分析。

（3）数字笔记工具

使用如有道云笔记、Notion 等数字笔记应用，不仅可以记录访谈要点，还可以整合相关的研究资料和参考信息。这些应用的标签和搜索功能可以快速定位特定的访谈内容或主题。

（4）文档管理工具

使用如腾讯文档、WPS 等文档软件，可以实时记录访谈内容，并便于后续进行编辑和整理。

使用如百度网盘、阿里云盘等的云存储功能，可以备份和便捷访问访谈记录。

（5）数据可视化工具

使用数据可视化工具（如 ECharts 等）可将访谈结果转化为图表和视图，直观展示分析结果，这有助于发现数据之间的关系和趋势，以及向他人展示访谈

分析的成果。

通过应用以上这些数字化工具，我们可以提高访谈的记录、存储和分析效率，从访谈中提取更多有价值的信息

知识拓展

远程网络访谈在职业生涯人物访谈中的应用

当今远程工作方式日益普及，通过网络视频会议工具等进行远程网络访谈，我们能跨越地理界限，从全球各地获取宝贵的职业信息和深刻见解。

一、远程网络访谈与面对面访谈的差异

1. 准备内容

远程网络访谈要求访谈者对技术平台有一定的熟悉度和技术准备，而面对面访谈则侧重于实体环境的布置。

2. 沟通方式

远程网络访谈中缺失了面对面交流的非语言信息，如肢体语言和面部表情等，这就要求访谈者在问题设计和倾听技巧上进行相应的调整。

3. 互动性

面对面访谈通常能够提供更自然的互动和即时反馈，而远程网络访谈则依赖于技术手段（如屏幕共享或虚拟白板等）来强化互动性。

4. 技术依赖

远程网络访谈对技术的依赖性更强，任何设备或网络的问题都可能影响访谈的进行。相比之下，面对面访谈受物理条件的影响更多。

二、远程网络访谈的平台选择与技术准备

1. 平台选择

挑选功能全面且用户友好的视频会议软件，如钉钉、腾讯会议等，重点考虑视频质量、录制功能和安全性等因素。

2. 技术准备

确保所有参与者的设备和网络连接处于最佳状态。在访谈前进行技术测试，预防发

生技术问题。

三、远程网络访谈的技巧与注意事项

1. 提问技巧

精心设计的开放性问题能够促进访谈者与访谈对象的深度交流。避免使用简单的封闭性问题，专注于那些能够引发深入讨论的问题。

2. 倾听技巧

在远程网络访谈中，通过展现积极的倾听态度和对视频反馈的注意，可减少误解或沟通中断问题。

3. 记录与整理

利用视频会议软件的录制功能，以及数字笔记工具，可有效记录和整理访谈内容。

4. 伦理考量

确保访谈对象对访谈的目的、内容及其使用方式有充分理解，并获得其明确同意，同时采取适当措施保护个人隐私和数据安全。

掌握以上远程网络访谈的关键技巧和注意事项，我们将在职业生涯规划过程中有效地运用视频会议工具，获取丰富的职业信息。

活动拓展

职业生涯人物访谈现场演练

在此课堂活动中，我们将深入体验和掌握职业生涯人物访谈的核心技巧及实施流程，从而能够在未来的职业生涯探索中，有效地从访谈对象处获得有价值的职业见解和建议。

一、活动目标

1. 通过模拟职业生涯人物访谈，体验职业生涯人物访谈的全过程。
2. 提高访谈准备、实施和信息整理分析能力。

二、活动时间

40～50 min。

三、活动步骤

活动步骤见表 4-2-1。

表 4-2-1　活动步骤

步骤	具体要求
访谈对象选择	（1）各小组参考自己的职业兴趣及目标岗位需求，提前邀请行业专家或从业者来班级进行面对面访谈 （2）如果无法邀请外部访谈对象，可以请授课教师扮演行业专家或从业者的角色进行模拟访谈
访谈问题设计	各小组根据选定的访谈对象，提前准备本小组的访谈提纲和预期要探讨的问题
访谈实施	各小组轮流对访谈对象进行模拟访谈。其他小组成员作为观察者，记录访谈过程中的亮点和改进点 提示：在访谈中尝试使用开放性问题，鼓励访谈对象分享深入的经验和见解
访谈信息整理	访谈结束后，各小组整理在访谈中获得的关键信息和见解，并填入职业生涯人物访谈现场观察记录表（表 4-2-2）中
分享与反馈	（1）各小组交流访谈体验，分享学习到的知识、技巧和访谈过程中的感受 （2）教师提供反馈，指出各小组访谈的亮点和改进空间，提高学生的访谈能力

表 4-2-2　职业生涯人物访谈现场观察记录表

访谈问题设计（记录各小组访谈中的好问题）	职业信息方面：
	工作技能方面：
	职业经历方面：
	职业发展策略方面：
	行业发展趋势方面：
访谈现场记录	访谈对象输出的三个重要观点（信息）： （1） （2） （3）
	各组访谈人员的亮点与不足：

续表

个人反思	访谈准备（总结在访谈准备阶段的经验和学习要点，包括问题设计的适宜性、背景研究的充分性等）：
	访谈执行（总结在访谈执行过程中的体验，如与访谈对象的互动、问题的提出和回应的处理等）：
	信息分析（总结分析访谈内容的方法和效果，包括如何从访谈中提取有价值的信息、整理和分析信息的策略）：
	访谈反馈与改进（基于本次访谈的体验，提出未来访谈实践中可能的改进方向和策略）：

课后作业

职业生涯人物访谈实践

职业生涯人物访谈是探索职业生涯路径和深化职业理解的重要手段。与经验丰富的专业人士进行深入对话，不仅可以获得对行业内部的真实见解，还能对自己的职业生涯规划做出更明智的选择。本作业将通过实践职业生涯人物访谈，让我们体验访谈的全过程，包括准备、实施到后续的信息分析和报告撰写，全面提升职业生涯探索和分析能力。

一、访谈对象确定

1. 确定职业领域

选择感兴趣并希望深入了解的职业领域。

2. 选择访谈对象

在该职业领域内选择一位有经验和成就的专业人士作为访谈对象。

3. 背景研究

在访谈前，深入研究访谈对象的职业背景、经历、成就等信息。

二、访谈提纲完善

1. 确定访谈目标

明确希望通过访谈了解的信息和见解。

2. 设计访谈问题

围绕职业历程、挑战、成就及未来行业趋势等方面，提出一系列开放性问题。

三、准备并实施访谈

1. 准备访谈

确认访谈时间、地点和方式，确保技术设备能正常工作。

2. 实施访谈

按照提纲进行访谈，注意记录关键内容和信息。

四、访谈结果分析

1. 整理信息

对访谈内容进行整理，归纳关键信息和见解。

2. 分析反思

分析访谈信息与个人职业兴趣和生涯规划的关联，识别有价值的见解和启发。

五、访谈报告撰写

撰写一份完整的访谈报告，篇幅 800～1 000 字。报告应包含以下部分，内容条理清晰，逻辑严谨。

1. 报告内容

详细描述访谈的前期准备、过程、关键问题及回答，以及对访谈所得信息的分析。

2. 职业理解

分析访谈结果如何深化我们对职业领域的理解，及其对职业生涯规划的具体影响。

3. 实施反思

回顾访谈过程，总结学习要点、遇到的挑战及解决策略。

4. 技巧总结

评估访谈技巧在实际应用中的效果，及其对个人职业生涯规划的价值。

模块五 职业决策与生涯规划

学习指引

一、学习目的

通过对本模块的学习，我们可以深入理解职业决策与生涯规划的重要性，系统地评估自己的职业兴趣、能力和职业环境，从而做出明智的职业选择，规划自己的职业生涯发展路径。

二、学习内容

本模块包括利用SWOT分析法进行职业决策、利用职业生涯决策平衡单评估职业选择、利用SMART目标设定法分解职业目标，以及利用GROW模型制订职业发展计划四个课题，重点在于学习如何运用SWOT分析法识别个人的优势、劣势、机会与威胁，以此为基础做出职业决策；利用职业生涯决策平衡单评估不同职业并比较各个职业的利弊，以找出最符合个人发展目标的职业路径；了解SMART目标设定法的核心要素及其在职业生涯规划中的应用，以制定具体、可衡量、可达到、相关且有时间限制的职业目标；掌握使用GROW模型制订职业发展计划的步骤和策略，以制订具体的行动计划。

三、应用场景

本模块的内容可应用于职业选择与转换、职业发展规划和个人能力提升。它为即将进入职场的我们和计划转换职业的在职人员提供了决策工具和方法，帮助人们根据自身条件和市场需求规划短期与长期的职业发展路径，并引导人们识别并发展关键技能以适应未来职业发展的需求。

学习目标

1. 了解职业决策的概念：了解职业决策的重要性和复杂性。

2. 掌握 SWOT 分析法、职业生涯决策平衡单的使用方法、SMART 目标设定法和 GROW 模型的使用方法：能够运用 SWOT 分析法进行决策分析，利用职业生涯决策平衡单评估职业选择，应用 SMART 目标设定法分解职业目标，以及使用 GROW 模型制订职业发展计划。

3. 学会综合运用所学工具和方法：能够制订一个符合个人职业兴趣、能力和市场需求的职业发展计划。

思维导图

本模块的思维导图如图 5-0-1 所示。

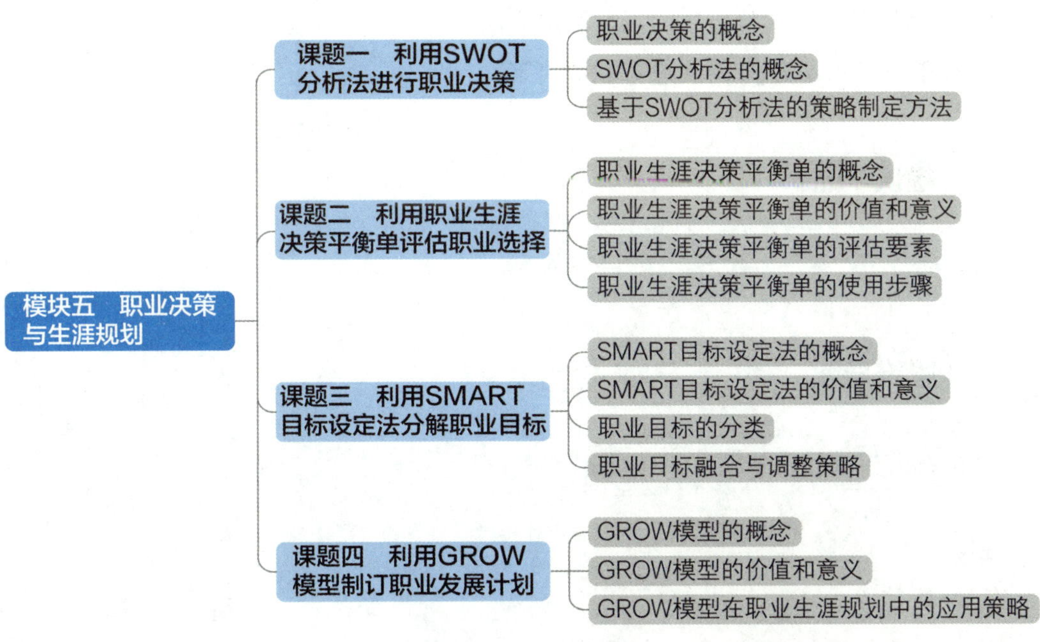

图 5-0-1　思维导图

课题一　利用 SWOT 分析法进行职业决策

学习指引

在本课题中，我们将深入探讨 SWOT 分析法在个人职业生涯规划中的应用。通过学习，我们不仅能够识别和分析个人的优势、劣势、面对的机会和潜在的威胁，还能将 SWOT 分析法应用于制订针对个人职业目标的行动计划中，从而有效地规划自己的职业发展路径。

学习目标

1. 理解职业决策的概念。
2. 学习并掌握 SWOT 分析法的概念及其应用。
3. 掌握基于 SWOT 分析法的策略制定方法。
4. 学会运用 SWOT 分析法进行职业决策。

建议学时

2 学时。

思维导图

本课题的思维导图如图 5-1-1 所示。

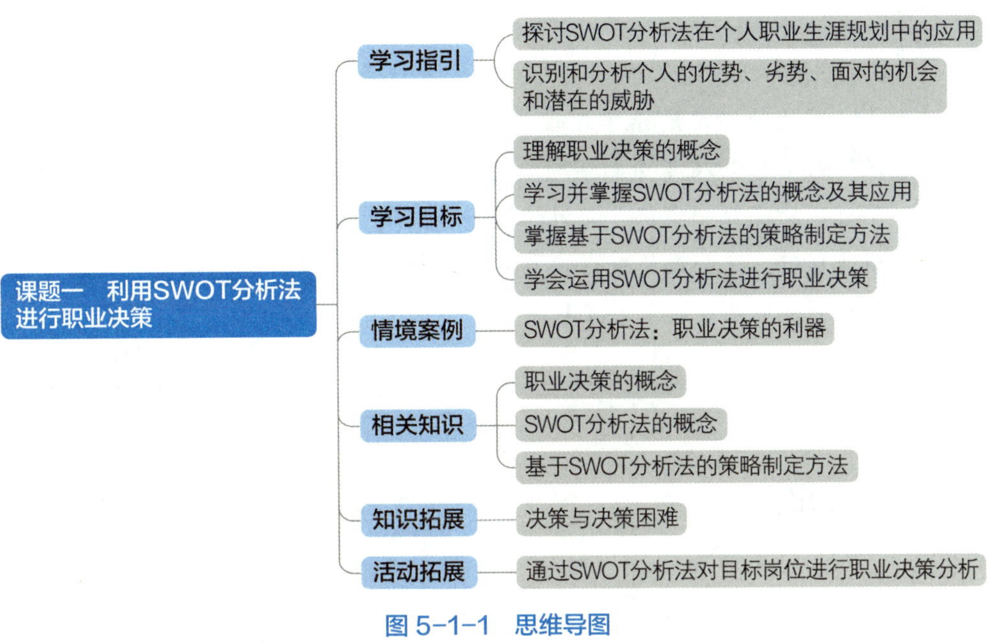

图 5-1-1　思维导图

情境案例

SWOT 分析法：职业决策的利器

小蒋是一名某职业院校计算机程序设计专业的学生，临近毕业，他对自己未来的职业方向感到迷茫。尽管他对编程技术充满热爱，但面对不断变化的信息技术行业，他难以确定具体的职业方向。一次职业生涯规划讲座让他了解到了 SWOT 分析法这个职业决策分析工具，他决定利用此工具深入分析自己的优势、劣势、面对的机会和潜在的威胁，从而更好地进行职业决策。

在进行 SWOT 分析的过程中，小蒋明确了自己的优势——扎实的编程基础与突出的问题解决能力。但是，他也清醒地认识到自身劣势——与行业需求相比，他在高级编程语言方面的知识与技能储备不足，也缺少实践工作经验。

针对这一分析结果，小蒋制订了明确的行动计划。他着手学习 Python 和 Java 等市场上需求量较高的编程语言，并利用校园招聘和在线平台寻找实习机会。最终，他成功获得一家软件开发公司的实习职位。在实习期间，他不仅将编程技能应用于解决实际问题，还进一步增强了自己对行业的理解。

【情境分析】

小蒋的经历展示了理性决策和运用工具在职业生涯规划中的重要性。他利用 SWOT 分析法对自己的职业道路进行了全面评估，精准识别了自己的优势、劣势、面对的机会和挑战。这一过程不仅帮助他明确了职业目标，还帮助他制订了有针对性的职业发展计划，从而为他后续顺利就业及职业发展奠定了基础。

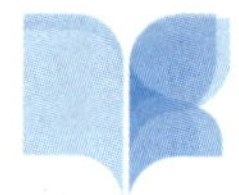

相关知识

一、职业决策的概念

职业决策是指个体对职业生涯发展方向进行决策的过程，它包括职业的选择、职业的改变、职业的发展等多个方面。职业决策是一个长期、持续和复杂的过程，而不是一时的决定。这个过程通常包括以下几个步骤。

1. 自我认知

理解自己的兴趣、能力、价值观和个人目标，这有助于确定可能的职业选择和未来的职业道路。

2. 信息搜集

对职业市场进行研究，了解不同职业的特点、需求和发展前景等，这有助于提供更全面的视角，以做出更好的决策。

3. 决策制定

基于自我认知和搜集的信息，制定一个具体的职业目标或职业发展策略。

4. 执行与评估

执行职业决策，然后进行持续的评估和反思，根据实际情况及时调整策略。

在这个过程中，我们可能会受到个人因素（如技能、兴趣、价值观和教育背景等）、环境因素（如经济状况、就业市场和家庭影响等），以及机会等多方面的影响。因此，进行职业决策不仅需要对个人和环境有深入的理解，还需要有策略性的思考和规划能力。

二、SWOT 分析法的概念

SWOT 分析法可以帮助企业或个人识别和分析他们的优势（Strengths）、劣势（Weaknesses）、机会（Opportunities）和威胁（Threats），以下是对这四部分的详细解释。

1. 优势

优势是指个人或组织内部可以为其提供竞争优势的积极因素，例如，优秀的个人专业技能、良好的职业素养、丰富的人脉资源等。

2. 劣势

劣势是指个人或组织内部可能阻碍其实现目标的消极因素，例如，技能不足、经验欠缺、人脉资源缺乏等。

3. 机会

机会是指来自外部环境的可以为个人或组织提供成长或改进机会的积极因素，例如，行业的快速发展、政策环境的优化、新技术的出现等。

4. 威胁

威胁是指来自外部环境的可能对个人或组织的目标实现构成威胁的消极因素，例如，行业衰退、技术变革、政策变动、竞争压力等。

SWOT 分析法可以被用来辅助决策，如制订个人职业发展计划。通过清楚地了解自己的优势和劣势，以及面对的机会和威胁，我们可以更好地制定策略，优化资源配置，以实现目标。SWOT 分析法的具体内容如图 5–1–2 所示。

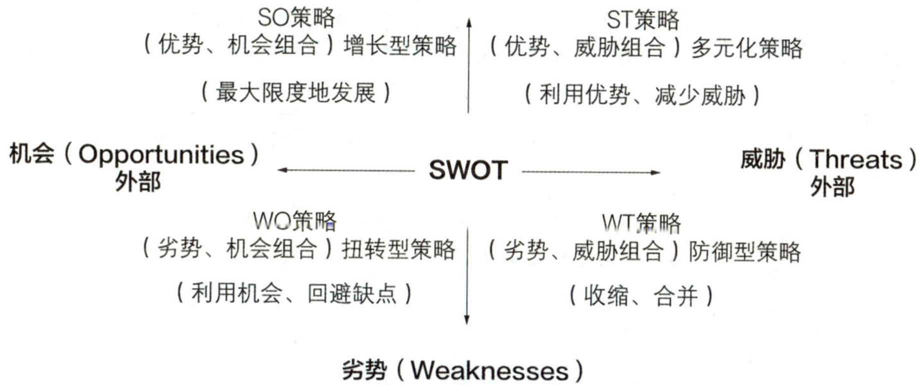

图 5–1–2　SWOT 分析法的具体内容

SWOT 分析法的实施步骤案例见表 5–1–1。

表 5–1–1　SWOT 分析法的实施步骤案例

案例背景	（1）王强是某二线城市职业院校人工智能专业学生。他的人工智能知识基础水平并不突出，但实操技能方面的表现在中等以上，能够解决一些实际问题

续表

<table>
<tr><td>案例背景</td><td colspan="2">（2）王强虽然缺乏项目实践经验，但他有很强的自主学习能力和上进心，经常利用课余时间学习新的编程语言和技术。由于学校和城市发展程度的局限，他在职业规划和未来就业方面面临着不小的挑战
（3）王强意识到，要在竞争激烈的人工智能领域找到自己的位置，他需要制定 SWOT 策略，发挥自己的优势，并利用可能的机会来弥补自身的不足</td></tr>
<tr><td rowspan="13">实施步骤</td><td colspan="2">第一步：识别内部因素</td></tr>
<tr><td>优势</td><td>（1）自主学习能力强：能利用课余时间自学新的编程语言和技术
（2）有上进心：愿意投入时间和精力提升自己
（3）实操技能中等以上：具备一定的实操能力，能够解决一些实际问题</td></tr>
<tr><td>劣势</td><td>（1）学校排名不靠前，品牌效应弱：学校在全国知名度不高
（2）项目实践经验缺乏：只有一些课堂上制作小型项目的经历
（3）人工智能知识基础水平不突出：在知识基础方面并不强
（4）职业规划不明确：缺乏具体的职业目标
（5）英语能力一般：阅读技术文档和进行国际交流的能力不足</td></tr>
<tr><td colspan="2">第二步：识别外部因素</td></tr>
<tr><td>机会</td><td>（1）在线学习资源丰富：可以利用网络资源自主提升技能
（2）行业大会和技术交流会：提供学习和拓展人脉的机会
（3）企业内部培训计划：一些企业提供职业发展和技能培训机会
（4）政府政策支持：国家支持职业教育和技能提升的政策</td></tr>
<tr><td>威胁</td><td>（1）城市发展程度一般：就业机会相对有限
（2）行业竞争激烈：大量优秀毕业生进入就业市场
（3）技术更新速度快：需要不断学习和适应新技能
（4）经济环境不稳定：可能影响就业市场</td></tr>
<tr><td colspan="2">第三步：制定 SWOT 策略</td></tr>
<tr><td>SO 策略（利用优势、抓住机会）</td><td>（1）利用在线学习资源，进一步提升专业技能
（2）积极参与行业大会和技术交流会，拓展人脉
（3）主动申请企业内部培训，增强实操经验
（4）利用政策，参加职业技能提升项目</td></tr>
<tr><td>WO 策略（利用机会、回避劣势）</td><td>（1）制定明确的职业规划和目标，逐步实现
（2）通过参与线上项目和实习，增加项目实践经验
（3）提高英语能力，增强技术文档阅读和英语沟通能力
（4）运用自主学习能力，快速掌握新技术</td></tr>
<tr><td>ST 策略（利用优势、减少威胁）</td><td>（1）提升实操技能，快速适应行业变化
（2）积极建立个人品牌，通过展示项目作品吸引潜在雇主
（3）定期关注行业动态，及时更新技能和知识</td></tr>
<tr><td>WT 策略（弥补劣势、减少威胁）</td><td>（1）制订详细的学习和提升计划，弥补基础知识的不足
（2）参加职业指导和规划活动，明确职业方向
（3）提高时间管理能力，合理安排学习和实践时间
（4）建立或加入学习小组，共同提升和互相监督</td></tr>
</table>

小贴士

从职业决策的角度看待优势

从职业决策的角度来看，优势通常是指个人具有的可以助其在职业发展中取得优势的特质、技能或经验，以下是一些具体的评估维度。

（1）专业技能：能在某个领域（如数据分析、编程或设计等）具有深入的专业知识和技能。

（2）经验：能在某个行业或岗位有丰富的工作经验，这可以让我们在相关领域内有更强的竞争力。

（3）人脉资源：能在某个行业或领域有广泛的人脉关系和资源，这有助于我们找到更好的职业机会或合作伙伴。

（4）柔性技能：如沟通能力、领导力和解决问题的能力等，这些技能通常在职业领域中是非常重要的。

（5）教育背景：能拥有与岗位匹配的学位，或者已经获得相关的专业资格认证。

（6）特质：如适应能力强、吃苦耐劳和自我驱动等，这些都可能是我们在职业生涯中的优势。

从职业决策的角度看待劣势

从职业决策的角度来看，劣势通常是指个人在某些方面的不足或缺陷，这可能在我们的职业发展中形成阻碍或挑战，以下是一些具体的评估维度。

（1）技能不足：缺乏某些对职业目标来说重要的技能，比如编程、数据分析或外语等。

（2）经验欠缺：缺乏在特定行业或岗位上的工作经验，这可能影响我们获取相关职位的机会。

（3）人脉资源有限：在目标行业或领域中的人脉资源有限，这可能会使找到新的职业机会或者合作伙伴变得困难。

（4）缺乏柔性技能：沟通能力、团队协作能力或解决问题的能力较弱，这可能在职场中形成障碍。

（5）教育背景不足：教育背景不符合目标职业领域的标准或者期望，这可能影响我们的职业发展。

（6）特质：如较容易焦虑或者抗压能力较弱，这可能影响我们在职场上的表现。

认识到自己的弱点或劣势并不意味着要对自己感到沮丧或失望，相反，这是职业生涯规划过程中非常重要的一步。了解自己的劣势，可以帮助我们找到需要改进的地方，以便制定更有效的职业发展策略，包括学习新的技能、获取更多的经验、扩大人脉网络、改善柔性技能等。

从职业决策的角度看待机会

从职业决策的角度来看，机会通常是指外部环境中可能为我们的职业发展带来益处的因素或趋势，以下是一些具体的评估维度。

（1）行业发展：所在的行业或感兴趣的行业正在快速发展，比如人工智能、可持续能源等行业，这可能为我们提供丰富的职业机会。

（2）技术进步：新的技术或者工具的出现可能为我们的职业发展铺就新的道路。比如，数据科学和机器学习的兴起为具有相关技能的人提供了大量的工作机会。

（3）政策支持：政府的政策支持也可能为我们的职业发展提供机会。比如，政府可能对某些行业提供补贴、税收优惠，以及教育和培训项目。

（4）教育和培训：在线学习平台和课程的兴起，这使我们可以利用这些资源来获取新的知识和技能，从而开启新的职业机会。

（5）人脉扩展：参加各种社交活动、行业会议或者志愿者活动能帮助我们遇到新的人脉，可为我们提供新的职业机会。

（6）企业需求：有些公司可能在寻找有特定技能或经验的人员，如果我们符合这些要求，这就是我们的职业机会。

了解和把握这些机会，可以帮助我们在职业生涯规划中做出更好的决策，优化我们的职业发展路径。

从职业决策的角度看待威胁

从职业决策的角度来看，威胁通常是指外部环境中可能对我们的职业发展产生负面影响的因素或趋势，以下是一些具体的评估维度。

（1）行业衰退：所在的行业或感兴趣的行业面临衰退，比如因为市场饱和、技术过时或政策变动等，职业机会减少。

（2）技术变革：新技术的出现可能使某些职业或技能过时，如果我们的技能集在未来无法满足需求，这可能对我们的职业发展产生威胁。

（3）经济环境：全球或者国内的经济环境可能影响就业市场，比如经济衰退可能导致就业机会减少。

（4）政策变动：政府政策的改变可能影响某些行业或职位。

（5）竞争压力：竞争者增多或者岗位产生新的学历要求，可使求职变得更困难。

（6）健康及生理因素：个人健康状况及生理条件可能限制我们在某些职业上的发展。

了解和评估这些威胁，可以帮助我们在职业生涯规划中做出更好的决策，从而避免或者最小化威胁对我们职业发展的影响。

三、基于 SWOT 分析法的策略制定方法

在职业生涯规划的过程中，有效识别和利用自身的优势，把握行业机遇，对于最大化个人潜力和把握职业发展机会至关重要。同样，识别潜在的威胁和挑战，并制定有效的应对策略，也是确保顺利实现职业目标的关键。通过深入的 SWOT 分析和战略性规划，我们可以为自己的职业道路铺设坚实的基础，并稳步向设定的职业目标前进。以下是基于 SWOT 分析法的几点策略制定方法。

1. 利用优势和机会

（1）个人品牌建设

识别自己在技能、经验或知识方面的优势，并将这些优势通过各种渠道（如社交媒体平台、网站、专业论坛等）展现出来，以吸引潜在的雇主或合作伙伴的注意。创建包含专业内容的个人社交媒体档案，定期发布与专业领域相关的内容，参加行业会议和研讨会，以构建和加强个人品牌，提高其在目标行业内的知名度和吸引力。

（2）职业网络拓展

通过拓宽职业网络来寻找和创造职业机会。参与与行业相关的活动和社群，利用社交媒体平台建立和维护专业联系，积极寻求与行业内的专家和同行建立联系。在专业网络平台上积极互动，参加行业会议和研讨会，利用现有的职业关系结识新

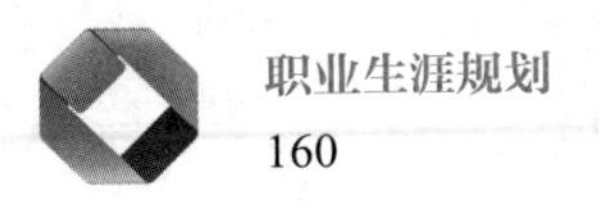

的联系人。

（3）具体实施建议

1）设定具体的个人品牌建设和职业网络拓展目标，如增加个人社交媒体粉丝和关注数量，以及参加一定数量的行业活动等。

2）制订详细的行动计划，包括时间表和具体步骤，以及如何跟踪进展和评估效果。

3）编制资源列表，可包含社交媒体平台、行业网络活动、职业发展研讨会和在线课程等，利用这些资源，我们可以更有效地展示自己的优势，建立和维护专业联系。

4）通过分析成功的个人品牌建设和职业网络拓展案例，了解这些策略如何在实际中被有效地实施。

通过实践以上策略，我们不仅能够更好地利用自己的优势，还能主动把握和创造机会，为自己的职业发展奠定坚实的基础。

2. 应对威胁和挑战

（1）风险管理

识别可能对自身职业目标产生负面影响的外部威胁，并制定预防措施。进行定期的行业趋势分析，了解市场变化或技术进步，评估这些变化对自身的职业路径有何影响。制订灵活的职业发展计划，包括替代路径和技能升级计划，以便在面对行业变动时能够进行快速调整。

（2）适应性发展

提高自身适应行业变化和职业挑战的能力。持续学习新技能和新知识，保持对行业动态的敏感性，以便及时调整自身的职业生涯规划。参加在线课程、行业研讨会和技能培训，以确保自身技能和知识的时效性和相关性。

（3）具体实施建议

1）定期进行自我技能评估，识别现有技能与未来职业目标之间的差距。根据行业趋势和市场需求及时更新学习重点，确保我们的技能与职业目标保持一致。

2）建立学习网络，通过加入相关的学习小组或社区，与其他成员共同学习新技能和新知识。在群体中互相学习和支持，以提高学习动力和效率。

3）建立监测系统，定期跟踪行业新闻、研究报告，及时掌握可能影响自身职业目标的外部环境变化。可通过使用行业新闻应用或加入相关的专业社交媒体群组来达成此目的。

4）制订一个包含短期和长期目标的个人发展计划，明确我们需要学习和提升的技能。该发展计划应包括参加特定的在线课程、行业研讨会和技能培训的时间表，并应对其进行定期的评估和调整。

小贴士

外部环境分析工具：PEST 分析法

在进行职业生涯规划和 SWOT 分析时，了解和分析外部环境是不可忽视的一环。PEST 分析法作为外部环境分析工具，可以帮助我们更加全面地理解影响自身职业生涯规划的外部因素。

（1）PEST 分析法的概念

PEST 分析法是指对宏观环境的分析，P 指政治，E 指经济，S 指社会，T 指技术。

1）政治（Political）：评估政治因素如何影响职业领域，包括法律法规变化、政府政策等。

2）经济（Economical）：考虑经济趋势、就业率、消费者信心等经济因素如何影响行业和职业机会。

3）社会（Social）：分析社会趋势、人口结构变化、生活方式变化等对职业选择和发展的影响。

4）技术（Technological）：分析技术进步和创新对职业领域的影响，包括新技术的出现、行业标准的变化等。

（2）如何使用 PEST 分析法

1）数据收集：定期收集和分析与目标职业领域相关的政治、经济、社会和技术信息。

2）影响评估：评估所收集的数据如何正面或负面影响职业生涯规划和目标实现。

3）策略调整：根据 PEST 分析的结果，适时调整自身的职业生涯规划和发展策略，以更好地适应外部环境的变化。

通过将 PEST 分析融入我们的职业生涯规划过程，我们可以更加全面地评估和利用外部环境中的机会，并有效规避潜在的威胁。这不仅可以增强我们职业生涯规划的适应性和韧性，还可以为我们的职业发展打开新的视野。

知识拓展

决策与决策困难

一、决策的概念

决策是指评估多个可能选项来预测其结果，并根据特定的标准或目标选择最优方案的过程。在日常生活、职场、教育，以及职业生涯规划等各个领域中，高效的决策能力是实现目标和成功的关键因素。决策的实际操作过程复杂多变，需要经过综合考虑和分析。

二、决策困难

决策困难是指在决策过程中遇到障碍，使个人难以在多个选项中做出选择，或者在做出决策时感到极大的不确定性和压力。这种困难可能来源于多种因素，主要包括以下几种。

1. 信息过载

信息过载是指众多的信息和选项使决策变得复杂。

2. 不确定性

不确定性是指预测未来趋势或职业前景时存在的不确定性。

3. 恐惧失败

恐惧失败是指对错误决策可能带来的负面结果的担忧。

4. 价值观或目标冲突

价值观或目标冲突是指个人价值观与潜在决策结果之间的冲突。

5. 时间压力

时间压力是指需要在限定时间内做出决策的压力。

这些因素可能单独出现，也可能同时出现，共同作用于决策者，从而增加了做出明智选择的难度。

三、决策困难的解决策略与技巧

1. 运用决策工具

通过 SWOT 分析法、PEST 分析法等工具，使决策过程系统化。

2. 寻求建议

向导师、师长、朋友或职业规划师寻求建议。

3. 逐步决策

将复杂决策分解成更小、更易于管理的步骤。

4. 接受不确定性

认识到一定程度的不确定性属于正常情况，应关注可控因素。

5. 设定截止日期

通过明确时间限制来集中分配注意力和资源。

四、应对决策困难的方法

在面对职业生涯规划中的决策困难时，以下两种方法可以帮助我们更好地应对未来的不确定性和做出更明智的选择。

1. 数据驱动

在数据驱动的时代，大数据和人工智能技术已成为支持决策的重要工具。利用这些技术，我们可以从海量数据中提取关键信息，减少决策中的不确定性和偏见。通过学习和使用如百度统计、阿里云大数据等工具，我们可以了解行业趋势、市场需求等关键数据，客观评估职业选择，确保能做出基于数据的科学决策。

2. 情境规划

情境规划是探索未来可能情境及其对决策影响的战略方法，它要求我们考虑多种未来可能并为之制定策略。通过参加工作坊、模拟活动或研究案例，我们可以学习如何为可能的未来职业情境制定策略。这种实践方法将帮助我们在安全的环境中探索不同的未来可能性，学习如何为每种可能性制订灵活的应对计划，从而提高适应未来变化的能力。

通过融合以上这些方法，我们不仅能提高解决决策困难的能力，还能为未来职业发展做好准备，确保在不断变化的环境中保持竞争力和适应性。

活动拓展

通过 SWOT 分析法对目标岗位进行职业决策分析

在此课堂活动中，我们将掌握 SWOT 分析法的使用步骤及方法，学会通过 SWOT 分析法对个人职业进行决策分析。

一、活动目标

1. 掌握 SWOT 分析法的使用步骤及方法。
2. 能够通过 SWOT 分析法进行个人职业决策分析。

二、活动时间

25 min。

三、活动步骤

活动步骤见表 5-1-2。

表 5-1-2 活动步骤

步骤	具体要求
确认职业目标	确认自己的目标岗位，它可以是一份特定的工作、一个特定的行业或者一个职业发展的方向
梳理职业信息	参考模块三和模块四的学习内容，梳理目标岗位的相关信息
列出内部个人优势	思考并识别在职业目标上个人资质的优势，包括但不限于我们的专业技能、累积的工作经验、教育背景、人脉网络，以及独特的个性特征。将关键信息填写在个人职业定位 SWOT 组合分析表（见表 5-1-3）的对应位置，并深入思考如何能有效地运用这些优势来实现我们的职业抱负
列出内部个人劣势	审视并识别可能影响自身达到职业目标的劣势或弱点。这些劣势可能源自技能上的不足、经验的缺乏、有限的人脉网络、与目标岗位不匹配的教育背景，或是某些个性特征。将关键信息填写在表 5-1-3 的对应位置，并积极思考可以采取哪些措施来克服或改进这些劣势，从而增强我们实现职业目标的能力
列出外部环境机会	思考在外部环境中可能存在哪些对自身职业发展有利的因素或趋势，包括行业发展、技术进步、政策支持、教育和培训资源、人脉网络扩展的机会等。将关键信息填写在表 5-1-3 的对应位置，并尝试思考如何抓住这些机会
列出外部环境威胁	分析外部环境，识别其中可能对自身职业发展构成威胁的因素或趋势，包括行业的衰退、技术的快速变化、不利的经济状况、政策的调整，或是日益激烈的竞争等。将关键信息填写在表 5-1-3 的对应位置，并制定相应的应对措施，以减轻它们对自身职业发展的影响
内外部因素组合分析	综合评估自己的内部个人优势和劣势，以及外部环境的机会和威胁，深入分析这些因素如何相互作用，判断自身的优势或机会是否足以战胜劣势和潜在的威胁，将关键信息填写在表 5-1-3 的对应位置。如果分析结果表明自身的优势和机会大于劣势和威胁，那么我们的职业目标可能是切实可行的。反之，如果劣势和威胁的影响较大，那么我们可能需要重新评估自身的职业方向，或探索增强优势、把握机会、克服劣势和防范威胁的新策略
分享与反馈	与同学、教师或职业规划师分享分析结果，获取反馈信息，以帮助自己发现可能忽略的优势或潜在的劣势

表 5-1-3 个人职业定位 SWOT 组合分析表

<table>
<tr><td></td><td colspan="2">外部职业环境分析（O.T）</td></tr>
<tr><td rowspan="2">内部个人因素分析（S.W）</td><td>机会（O）</td><td>威胁（T）</td></tr>
<tr><td></td><td></td></tr>
<tr><td>优势（S）</td><td>优势机会组合策略（SO）</td><td>优势威胁组合策略（ST）</td></tr>
<tr><td></td><td></td><td></td></tr>
<tr><td>劣势（W）</td><td>劣势机会组合策略（WO）</td><td>劣势威胁组合策略（WT）</td></tr>
<tr><td></td><td></td><td></td></tr>
</table>

课后作业

个人职业目标的 SWOT 分析报告

为了强化对 SWOT 分析法的掌握程度并将其有效地应用于个人职业生涯规划中，本作业将通过回顾 SWOT 分析法来加强我们对自身优势、劣势、面对的机会，以及潜在的威胁的深入了解。通过撰写个人职业目标的 SWOT 分析报告，我们将能更准确地界定自己的职业方向，并制订具体的行动计划以实现职业目标。

一、职业路径评估

根据 SWOT 分析结果，评估哪些职业路径最适合自己的个性特点和当前市场环境。

二、行动计划制订

基于 SWOT 分析结果，制订一个针对个人职业目标的详细行动计划。思考如何发挥优势、弥补劣势、利用机会，以及应对可能的威胁。

三、个人反思

反思在职业生涯规划过程中应用 SWOT 分析法的体验，探讨其对个人发展的价值及可能的影响。

四、报告撰写

撰写一份详细的分析报告（篇幅为 800～1 000 字），描述自己是如何进行个人职业目标 SWOT 分析的，以及 SWOT 分析法在职业生涯规划中的应用。报告应包含以下所有部分，内容条理清晰，逻辑严谨。

1. 引言

简要说明进行此项作业的目的及 SWOT 分析法在职业生涯规划中的重要性。

2. 主体部分

（1）个人 SWOT 分析：全面介绍自己的优势、劣势、面对的机会和潜在的威胁，每项都需有具体实例或证据作为支撑。

（2）职业目标分析：基于 SWOT 分析的结果，细致评估这些优势、劣势、机会和威胁对个人职业目标的具体影响，分析这些因素如何成为我们实现职业目标的推动因素或障碍。

（3）行动计划制订：基于 SWOT 分析的结果，明确列出个人行动计划，包括如何利用优势、改善劣势、抓住机会和应对威胁。

（4）反思与总结：分享自己在进行 SWOT 分析和职业生涯规划过程中的感悟，探讨 SWOT 分析法对个人职业生涯路径规划的启示和可能的优化策略。

课题二 利用职业生涯决策平衡单评估职业选择

学习指引

在本课题中，我们将学习如何使用职业生涯决策平衡单，及其在职业生涯规划中的重要性。通过学习本课题，我们能详细了解职业生涯决策平衡单的价值和评估要素，深入分析影响职业选择的各种因素，学习如何应用职业生涯决策平衡单来进行结构化、系统化的职业决策。这不仅有助于我们清晰地规划个人的职业路径，还有助于推动我们职业生涯的顺利发展。

学习目标

1. 理解职业生涯决策平衡单的概念、价值和意义。
2. 明确职业生涯决策平衡单的评估要素。
3. 掌握职业生涯决策平衡单的使用步骤。
4. 通过实践操作提高职业生涯规划和决策能力。

建议学时

2 学时。

思维导图

本课题的思维导图如图 5-2-1 所示。

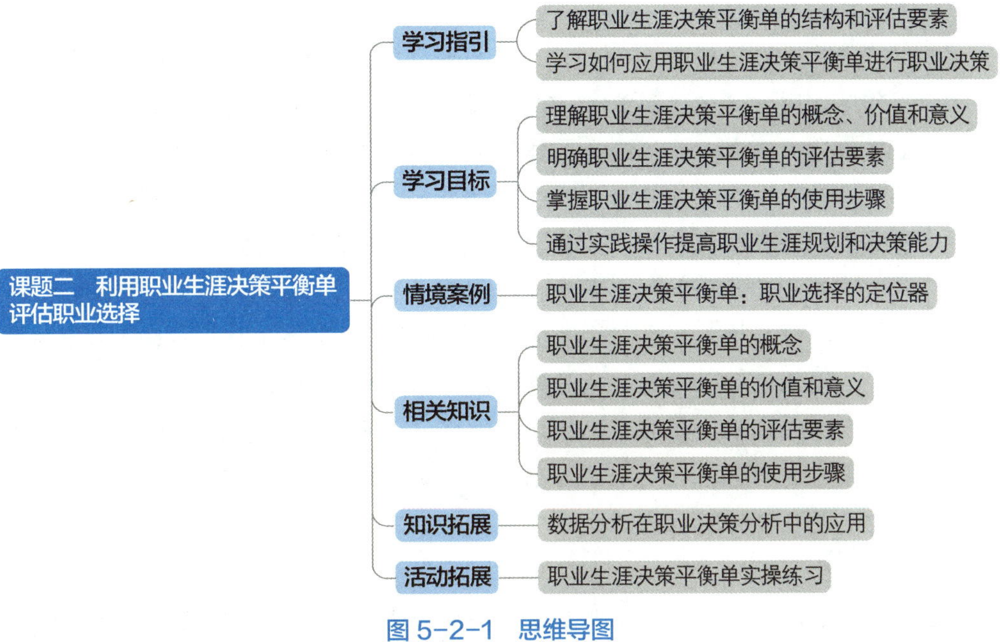

图 5-2-1　思维导图

情境案例

职业生涯决策平衡单：职业选择的定位器

小沈是一名某职业院校生物制药专业的学生，正面临着职业选择。他收到了三个来自不同领域和企业的工作邀请，分别是：充满创新精神的生物科技初创公司提供的行政岗位，历史悠久的大型制药企业提供的技术岗位，享有盛誉的知名医美行业公司提供的运营岗位。考虑到每个选择都可能带来独特的机遇和挑战，他想选择最符合自身职业发展的工作，却对如何取舍感到迷茫。

在职业规划师的指导下，小沈决定使用专为职业选择评估设计的职业生涯决策平衡单来辅助自己进行职业选择。他首先明确了评估要素：薪资待遇、职业发展前景，以及工作环境。针对三个不同的工作机会，他细致地分析了其优点和缺点，并根据自己的偏好对它们进行了评分。

例如，生物科技初创公司提供的行政岗位，薪资待遇为 7 分（满分 10 分），因为相比于大型企业，初创公司可能提供的薪资较低；职业发展前景为 9 分（满分 10 分），因为初创公司提供的快速成长机会较多；工作环境则为 8 分（满分 10 分），因为小沈喜欢创新和灵活的工作氛围。类似地，他也对其他两个工作岗位进行了评分。

在完成所有评分后，小沈依据个人主观判断，对每个评估要素按其重要性进行加权处理。例如，他将职业发展前景视为最重要的因素，故给它赋予了 5 倍加权；薪资待遇次之，给予了 3 倍加权；工作环境则给予了 2 倍加权。通过这种评分方法，他计算出每个工作岗位的加权总分，更清晰地了解了哪个选项最符合他的职业目标和期望。

通过这一细致且系统的评估过程，小沈不仅对每个工作机会都有了更深入的理解，也明确了自己的职业路径方向，最终做出了符合自身职业发展目标的明智选择。

【情境分析】

小沈的经历展示了职业生涯决策平衡单在职业生涯规划中的实际应用过程及其重要性。通过使用职业生涯决策平衡单，我们可以在众多选择中明智地决定最适合自己的职业道路。这个过程不仅能帮助我们更全面地理解各个职业选项的利弊，还可强化我们根据优先级做出决策的能力，从而使我们做出更加明确和符合个人职业发展目标的选择。

相关知识

一、职业生涯决策平衡单的概念

在面对重大职业生涯决策时，了解并运用合适的工具对于做出明智选择至关重要。**职业生涯决策平衡单**也称决策平衡表或优势劣势分析表，是一个有效的决策辅助工具。该工具从个人和他人的视角出发，对职业生涯决策过程中需要考虑的多种因素进行物质层面和精神层面得失的评估，通过列出正在考虑的不同选项，并将这些选项的影响因素按重要性赋予权重，帮助个体更加清晰地理解不同选择之间的利弊关系，从而做出最符合自身职业发展目标的决策。

职业生涯决策平衡单在职业生涯规划领域的应用范围极为广泛，覆盖了从技能学习选择、工作机会评估、职位晋升机遇到职业路径转变等多方面的决策需求。通常情况下，职业生涯决策平衡单为表格形式，包含个人考虑的各种选项及相关因素，并支持根据这些因素在职业决策中的重要性对其进行权重分配。

二、职业生涯决策平衡单的价值和意义

职业生涯决策平衡单作为一个决策辅助工具，在职业生涯规划和决策过程中发挥着重要作用，它的价值和意义主要体现在以下几个方面。

1. 提供全面视角

职业生涯决策平衡单能使我们全方位评估职业决策的各个方面，包括决策的短期与长期影响，及其对个人生活各方面的潜在影响。这可以帮助我们在做职业选择时考虑到更多的因素，从而做出更加全面的决策。

2. 帮助厘清思路

职业生涯决策平衡单通过将各个评估因素具体化并列出其优点和缺点，帮助我们清晰地识别每种选择的利弊，从而避免决策过程中可能产生的混乱和模糊，确保决策的逻辑性和条理性。

3. 提供量化决策依据

职业生涯决策平衡单提供了一种可量化的决策方法，通过对评估因素加权与打分，我们能够将主观感受转化为可量化的数据，从而对多个选项进行客观比较，提高决策的客观性。

4. 促进自我了解

在评估职业选择的优点和缺点的过程中，我们可通过职业生涯决策平衡单深入思考自己的能力、价值观和职业目标等，这不仅有助于提升我们的自我认知，也能确保所做决策与我们自身的长远规划相匹配。

5. 增强决策自信

职业生涯决策平衡单的详尽评估和量化分析为我们提供了坚实的决策基础，使我们对自己的职业选择更加自信。这种自信来源于对职业选择全面而深入的理解，以及对决策过程的客观评估。

小贴士

SWOT 分析法与职业生涯决策平衡单的区别与联系

在职业生涯规划的过程中，SWOT 分析法和职业生涯决策平衡单分别扮演着独特而重要的角色。虽然它们都被广泛应用于决策制定，但它们各自的关注点及适用场景存在着明显差异。

SWOT 分析法适用于职业生涯规划的初期阶段，它可以帮助人们认识自己的内在条件和外部环境，为后续决策提供参考基础。职业生涯决策平衡单则更侧重于对具体职业选择的评估，它可以帮助人们在多个具体选项之间做出更加明智的选择。

因此，SWOT 分析法可以在个人使用职业生涯决策平衡单之前为其提供前期的全面视角。同时，通过前期进行 SWOT 分析了解到的个人优势和劣势，也可以转化为职业生涯决策平衡单中的评估因素，从而使职业决策更加精准和个性化。

例如，学生小明通过 SWOT 分析发现自己在数据分析方面有明显的优势，但缺乏管理经验，面对的机会是数据科学领域的快速发展，潜在的威胁则是高竞争压力。接下来，小明可以使用职业生涯决策平衡单，将这些因素转化为具体的评估因素，进一步评估选择不同数据分析岗位或是转向管理岗位的优、劣势，从而做出最符合自身条件和市场需求的职业选择。

三、职业生涯决策平衡单的评估要素

在进行职业生涯规划和决策时，明确地识别和权衡各种影响因素是重要的步骤。以下是职业生涯决策平衡单的几个评估要素。

1. 个人物质方面的得失

（1）薪资待遇：工资的数量、福利待遇等。

（2）工作稳定性：行业的稳定性、就业机会的数量等。

（3）职业发展前景：职业晋升的可能性、职业发展的空间等。

（4）工作环境：办公环境、工作设施等。

2. 个人精神方面的得失

（1）工作满足感：工作的意义、工作与个人价值观和理想的符合程度。

（2）工作压力：工作的压力程度、工作强度等。

（3）工作与生活的平衡：工作对个人生活的影响，如工作时间、假期长度和频率等。

（4）个人兴趣：工作与个人兴趣和爱好的符合程度。

3. 他人物质方面的得失

（1）家庭的经济状况：工作对家庭经济的影响、工作与家庭经济需求的匹配程度。

（2）亲友的经济支持：亲友对个人工作选择提供的经济支持或影响。

4. 他人精神方面的得失

（1）家庭和社会支持：家庭和社会对个人职业选择的看法和支持。

（2）他人的满意度：个人工作给家人、朋友带来的满足感。

（3）他人的期待：家人、朋友和社会对个人的职业期望和压力。

四、职业生涯决策平衡单的使用步骤

在职业生涯规划和决策过程中，职业生涯决策平衡单可以帮助我们系统地评估不同职业选择的优势和劣势。以下是职业生涯决策平衡单的使用步骤。

1. 明确决策目标

确定我们使用职业生涯决策平衡单的目的，如工作岗位选择、职业路径决策、教育和培训机会选择等。

2. 选择评估因素

根据我们的职业目标和决策需要，选择相关的评估因素。这些因素可能包括薪资待遇、职业发展前景、工作稳定性、工作环境、个人兴趣匹配度等。

3. 分配权重

对所选的评估因素根据其对我们决策的重要性进行权重分配，重要的因素应该被赋予更高的权重。

4. 主观评分

为每个职业选择下的评估因素分配分数，以量化其对我们的吸引程度。可以使用1～10分的评分系统，其中，10分表示非常具有吸引力，1分表示几乎无吸引力。

5. 加权计算

根据分配的权重，对每个因素的评分进行加权计算，得出每个职业选择的总分。

6. 比较和分析

比较各个职业选择的总分，分析哪些选项最符合我们的职业目标和个人价值观。

7. 深入探讨

考虑个人实际工作环境、职业发展前景、工作与生活的平衡等因素，对于得分较高的职业选择进行深入探讨和研究。

8. 决策和调整

基于综合评估和个人偏好，根据信息更新和变化调整评估因素选择及其权重，做出最终决策。

通过遵循以上步骤，职业生涯决策平衡单可以帮助我们更加系统、客观地评估职业选择，为复杂的职业决策提供有力的支持。

知识拓展

数据分析在职业决策分析中的应用

在职业决策分析中，数据分析的应用越来越受到重视，尤其是在评估职业生涯决策

平衡单的各项因素时，数据分析提供了一个客观的参考依据。以下是对数据分析在职业决策中应用的几个方面及其对应方法和工具的介绍。

一、职业趋势分析

可参考公开的就业数据和行业报告，使用AI等工具进行职业趋势分析。通过分析不同行业的就业增长率、平均薪资变化等数据，对职业生涯决策平衡单中的“职业发展前景”和“薪资待遇”等因素进行评估，识别当前和未来的职业发展趋势。

二、职业需求分析

可利用百度等搜索引擎和社交媒体平台（如微博、微信公众号、小红书等）来搜集信息，以分析特定职位或行业的人才需求和技能要求。通过对智联招聘、BOSS直聘、拉勾网等求职网站的招聘广告进行内容分析，可以评估职业生涯决策平衡单中的“技能匹配度”和“行业需求”等因素。

三、社交网络分析

通过社交网络分析工具（如社交网络分析软件UCINET等）可以分析社交网络中的职业关系结构和强度，这有助于评估职业生涯决策平衡单中的“人脉资源”等因素。通过结识关键的行业影响者和潜在的职业导师，我们可以在职业发展中获得更多的机会和指导。

四、个人能力评估

在线职业评估工具（如智联招聘的在线测试平台等）可以帮助我们了解自己的职业兴趣、能力倾向，以及与不同职业的匹配度。这些评估结果可以作为职业生涯决策平衡单中的“个人兴趣”和“能力匹配”等因素的重要参考。

将这些数据分析方法和工具应用于职业决策分析中，我们便可以更全面、更客观地评估职业生涯决策平衡单的各项因素，制定出更适合自己的职业决策。

活动拓展

职业生涯决策平衡单实操练习

在此课堂活动中，我们将应用职业生涯决策平衡单，系统分析和权衡不同职业选项的利弊，掌握如何全面评估各种职业路径的潜在利益和可能的风险，从而做出最符合个人职业发展目标的明智选择。

一、活动目标

1. 了解并掌握职业生涯决策平衡单的使用步骤及方法。
2. 能够通过职业生涯决策平衡单评估职业选择。

二、活动时间

25 min。

三、活动步骤

活动步骤见表 5-2-1。

表 5-2-1　活动步骤

步骤	具体要求
职业优、劣势分析	使用本模块课题一中的 SWOT 分析结果，对自己的三个目标岗位的优势和劣势进行分析，提炼相关信息和关键词，将其填写在个人目标岗位优势、劣势对照表（见表 5-2-2）中
评估因素选择	基于个人价值观及未来职业发展目标，从本课题相关知识“职业生涯决策平衡单的评估要素”内容中选择影响个人职业决策的关键因素（如薪资待遇、职业发展前景等），将该因素填写在个人职业生涯决策平衡单（见表 5-2-3）中
初始评分	采用 1～10 分的评分系统来量化每个评估因素的相对重要性或个人满意度。1 分代表最不重要或最不满意，而 10 分代表非常重要或非常满意。通过量化评分的方法将自身的主观感受以数字形式明确地表达出来，并填写在表 5-2-3 中
加权评分	在完成初始评分的基础上，对每个评估因素进行加权处理，以反映不同因素对个人决策影响的相对重要性。加权过程中，将每个因素的初步评分乘以一个代表其在决策过程中重要性的权重系数。例如，对于非常重要的因素，可赋予 5 倍的加权值；对于比较重要的因素，可赋予 3 倍的加权值；而对于相对不那么重要的因素，则赋予 1 倍的加权值。这种加权评分的方法确保了在评估过程中能够更精确地反映个人的偏好和优先级。将各因素对应的加权值分别填写在表 5-2-3 中
总分统计	将所有加权后的得分累加，计算各个人目标岗位的总分，将总分统计结果填写在表 5-2-3 中
结果分析	比较不同目标岗位的总分，分析哪个岗位最符合个人的职业目标和价值观
职业选择	根据分析结果，选择最符合个人职业发展目标的岗位，并考虑如何实现这一选择

表 5-2-2　个人目标岗位优势、劣势对照表

个人目标岗位名称	该岗位的优势	该岗位的劣势
	（1）	（1）

续表

个人目标岗位名称	该岗位的优势	该岗位的劣势
	（2） （3） （4）	（2） （3） （4）
	（1） （2） （3） （4）	（1） （2） （3） （4）
	（1） （2） （3） （4）	（1） （2） （3） （4）

表 5-2-3　个人职业生涯决策平衡单

职业生涯决策评估因素		个人目标岗位						
		加权值（1~5 倍）	岗位名称		岗位名称		岗位名称	
			初始评分	加权评分	初始评分	加权评分	初始评分	加权评分
个人物质方面的得失		倍						
		倍						
		倍						
		倍						
个人精神方面的得失		倍						
		倍						
		倍						
		倍						

续表

<table>
<tr><th colspan="2" rowspan="4">职业生涯决策
评估因素</th><th colspan="7">个人目标岗位</th></tr>
<tr><th rowspan="3">加权值
（1~5 倍）</th><th colspan="2">岗位名称</th><th colspan="2">岗位名称</th><th colspan="2">岗位名称</th></tr>
<tr><th colspan="2"></th><th colspan="2"></th><th colspan="2"></th></tr>
<tr><th>初始
评分</th><th>加权
评分</th><th>初始
评分</th><th>加权
评分</th><th>初始
评分</th><th>加权
评分</th></tr>
<tr><td rowspan="3">他人物质方面的得失</td><td></td><td>倍</td><td></td><td></td><td></td><td></td><td></td><td></td></tr>
<tr><td></td><td>倍</td><td></td><td></td><td></td><td></td><td></td><td></td></tr>
<tr><td></td><td>倍</td><td></td><td></td><td></td><td></td><td></td><td></td></tr>
<tr><td rowspan="3">他人精神方面的得失</td><td></td><td>倍</td><td></td><td></td><td></td><td></td><td></td><td></td></tr>
<tr><td></td><td>倍</td><td></td><td></td><td></td><td></td><td></td><td></td></tr>
<tr><td></td><td>倍</td><td></td><td></td><td></td><td></td><td></td><td></td></tr>
<tr><td colspan="3">总分统计（纵向相加）</td><td></td><td></td><td></td><td></td><td></td><td></td></tr>
</table>

课后作业

人职匹配深度分析

本作业将根据模块一和模块二的学习成果，对从个人职业生涯决策平衡单中选定的职业或岗位进行更加深入的评估与分析，以构建一个全面、具体的个人职业生涯规划路径，从而使我们更好地适应未来的职业发展。

一、职业信息再梳理

利用职业生涯决策平衡单确定目标职业，结合模块二的学习成果，全面梳理目标职业当前的市场需求、发展趋势，以及潜在的职业发展路径等关键信息。注意更新和完善之前学习过程中可能遗漏或未充分搜集的职业信息。

二、自我认知再评估

依据更新后的职业信息，结合模块一的学习成果，重点分析自身价值观、兴趣、技能与性格等方面与目标职业的匹配度，明确个人优势和需要改进的方面。

三、SWOT 综合分析

参考模块五课题一的学习内容，结合职业信息再梳理和自我认知再评估的结果，对目标职业进行深入的 SWOT 综合分析。

四、形成新的认识

在 SWOT 综合分析的基础上，提炼出对目标职业的新认识，包括职业发展的潜在机会、可能面临的挑战，以及个人的发展计划等。

五、报告撰写

撰写一份书面报告（篇幅为 800～1 000 字），报告应包含以下所有部分，内容条理清晰，逻辑严谨。

1. 对自我认知与目标职业匹配度的针对性分析。

2. 基于分析得出的新认识，包括职业发展的潜在机会、可能面临的挑战，以及个人的发展计划等。

课题三 利用 SMART 目标设定法分解职业目标

学习指引

在本课题中，我们将深入讨论 SMART 目标设定法及其在职业生涯规划与个人发展中的应用。通过学习本课题，我们将了解 SMART 目标设定法的五个核心要素，并探索它们是如何帮助个人将笼统的职业愿景分解为明确且可执行的短期目标的。此外，我们还将了解职业目标的分类，长、短期目标的有效融合和目标调整策略，以及在目标管理过程中如何利用数字化工具提高效率和成功率，从而有效提升我们的自我管理能力和职业生涯规划能力。

学习目标

1. 理解 SMART 目标设定法的概念及其在职业生涯规划中的应用。
2. 了解职业目标的分类，并能系统地整理自己的职业目标。
3. 理解并掌握职业目标融合与调整策略。
4. 学会运用 SMART 目标设定法制定与分解职业目标。

建议学时

2 学时。

思维导图

本课题的思维导图如图 5-3-1 所示。

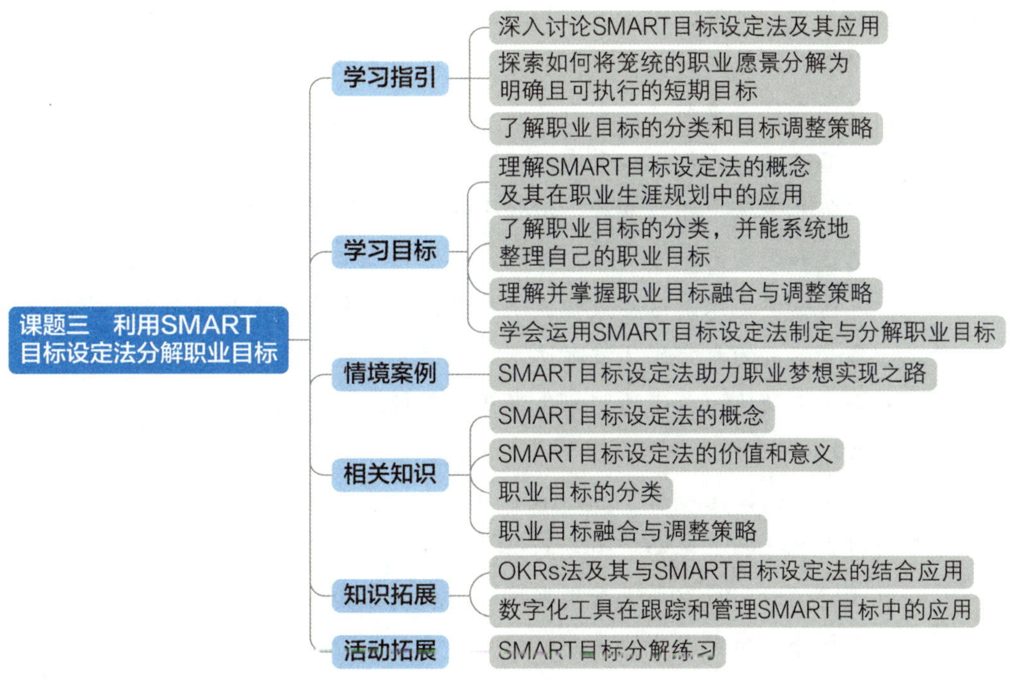

图 5-3-1　思维导图

情境案例

SMART 目标设定法助力职业梦想实现之路

小韩是一名某职业院校数字媒体技术应用专业的学生，他怀揣着成为

数字媒体技术专家的梦想，但在职业生涯规划方面，他缺乏明确的方向。经过职业规划师的指导，他决定使用 SMART 目标设定法规划职业道路。

小韩首先确立了一个明确的目标：在未来一年内，通过发布一系列高质量的数字媒体作品，努力成为数字媒体技术达人。为了让这一目标具体可衡量，他将个人社交媒体账号的粉丝增长数和互动率作为关键指标，并计划每周至少发布两次专业技术文章或创意视频。他希望能通过这种方式，逐步提升自己在数字媒体领域的专业影响力和认可度。

为了确保目标顺利实现，小韩每月进行一次自我检查，监控内容创作的质量和进度，以及关键指标的改变，及时调整策略。积极参加行业研讨会和在线研讨会，不仅扩大了自己的专业网络，也了解了行业的最新趋势和技术更新。识别自己在短视频编辑和内容营销等方面的技能短板，通过参加在线课程和实际操作来进行提升。他还通过参与公益活动和在行业论坛中积极发言，增强个人品牌的正面形象，提高在行业内的知名度和影响力。

通过实施以上这些策略，小韩不仅在一年之内成为了一名社交媒体上备受瞩目的数字媒体技术达人，还因此获得了众多企业的关注和工作机会，成功地为自己的职业生涯开辟了新的道路。

【情境分析】

小韩的经历展示了 SMART 目标设定法在实际应用中的有效性。通过设定具体的目标和可衡量的进度指标，实施具体策略与行动计划，并在设定的时间框架内进行周期性的自我评估和调整，可成功地将长期职业梦想分解为可实施的短期目标。

相关知识

一、SMART 目标设定法的概念

在职业生涯规划与个人的发展中，明确和实现目标是成功的关键。SMART 目标设定法作为一种高效的目标设定和规划工具，提供了一个清晰的框架，可帮助个人和团体设定具体、可衡量、可达到、相关且有时间限制的目标。以下是 SMART 目标设定法的五个核心要素。

1. 具体性（Specific）

具体性是指目标应清晰具体，避免模糊不清的表述，以确保方向明确。

具体的目标有助于集中资源，减少误导和混淆。在设定目标时，应明确期望的成果和所需的行动步骤。

2. 可衡量性（Measurable）

可衡量性是指目标应设有清晰的衡量标准，便于监控进度和评估结果。

明确衡量标准，可使进展和成效可见，便于管理和调整。在应用中，可定义具体的指标或标准，量化目标。

3. 可达到性（Attainable）

可达到性是指目标需要是现实的或可实现的，既有挑战性又在个人能力范围之内。

可实现的目标能激发动力，过高的目标可能导致挫败。在应用中，可考虑个人或团队的资源和能力，确保目标可实现。

4. 相关性（Relevant）

相关性是指目标应与个人或组织的长期愿景和长期目标相符。

分析目标之间的相关因素，使目标对长期愿景有积极贡献。在应用中，可确认目标与个人的职业生涯规划或组织的战略目标的一致性。

5. 时限性（Time-bound）

时限性是指为目标设定明确的时间限制。

设定时间框架，为目标实现提供动力支持并保持进度。在应用中，应明确目标的起始和结束日期，确保按时将其完成。

遵循以上这五个核心要素，我们可以更有效地设定、追踪并实现目标。SMART 目标设定法广泛应用于个人发展、职业生涯规划和项目管理等各个领域，能有效促进个人职业发展和成就实现。

小贴士

SMART 目标设定法的优势与局限性

虽然 SMART 目标设定法为个人和组织提供了明确和实用的目标设定框架，确保目标具体、可衡量、可达到、相关且有时间限制，但它也有潜在局限。SMART 目标设定法的优势、局限性和应对策略如下。

（1）优势

1）目标清晰明确。强调具体和明确的目标设定，可避免目标模糊，确保追求方向清晰。

2）易于追踪和调整。通过设立可衡量的目标，使进度和成果易于监控和评估，便于适时调整。

3）提高实现可能性。将目标设定为既有挑战性又可实现，以激发动力并增加成功的可能性。

（2）局限性

1）偏重短期目标。过分关注短期成就可能导致对长期规划和大局观的忽视。

2）灵活性不足。在快速变化的环境中，过于固定的目标可能限制适应性和创新性。

（3）应对策略

1）结合其他目标设定方法。例如，将 SMART 目标设定法与 OKRs 法（本方法将在知识拓展部分讲解）结合，平衡短期行动和长期愿景的关系。

2）定期评估与调整。对目标进行定期的评估与调整，以保持其适应性和相关性。

在实际应用 SMART 目标设定法时，通过补充其他工具和策略来增强其有效性至关重要。我们可以根据自身情况和需要灵活调整其使用方法，不断探索和创新，以最大化实现目标的效果。

二、SMART 目标设定法的价值和意义

SMART 目标设定法的核心价值在于为个人的职业生涯规划和发展提供一个清晰、实用的框架。通过应用此方法，我们能够以更加高效的方式规划自己的职业目标、职业路径，并实现职业生涯的各项目标，进而推动个人能力的增长与职业的进步。SMART 目标设定法的价值和意义如下。

1. 具体性使目标清晰，避免模糊，确保个人在追求职业发展时有明确的方向。例如，将模糊的“提高编程技能”目标转化为“在未来六个月内完成至少三个中等难度的 Java 编程项目”，这样的表达可明确目标的方向和期望成果。

2. 可衡量性的引入，使进度和成果变得可以追踪，个人可及时了解自己是否接近目标，并在必要时进行调整。例如，设定具体的衡量标准——“每月完成特定数量的专业课程或认证培训”，有助于明确目标进展和成就。

3. 可达到性可以增强个人的动力和成就感，它不仅保证了目标在个人当前资源和能力范围内是可能实现的，还可以减少因目标设定过高而导致的挫败感。

4. 相关性可以确保目标与个人的长期职业愿景和价值观一致，使每一步的努力和资源投入都为实现个人的职业目标和长期职业发展服务。

5. 时限性为目标设定了明确的时间框架，增加了目标完成的紧迫感，有助于个人优先考虑和安排关键的职业发展活动，有效管理时间。

三、职业目标的分类

在职业生涯规划过程中，明确和细化职业目标是至关重要的，以下是几种职业目标类型。

1. 教育和学习目标

该目标涉及个人希望在职业生涯中获得的教育水平和知识技能，包括专业资格认证、继续教育和技能提升等。达到该目标可为之后的职业发展打下坚实的基础。

2. 社会资源目标

该目标关注于建立和维护社会资源，涉及同事关系、同行关系、导师关系和行业资源等，对于开拓职业机会、获取行业资源和信息具有重要作用。

3. 职务目标

在具备了必要的教育背景和技能后，职务目标变得重要。该目标涉及个人在职业生涯中期望达到的职位，反映了个人职业的具体方向和对职业的期待。

4. 经济目标

随着职务的提升和职业技能的增强，经济目标逐渐显现出其重要性。该目标包括个人的薪资预期、财务独立等，也是职业成功的重要标志之一。

5. 个人成长和发展目标

除了职业上的成就外，个人的综合能力和素质提升也是职业生涯规划中不可或缺的一部分。该目标包括领导能力、沟通技巧和情绪稳定性等方面的提升。

6. 健康和福祉目标

在职业成功的同时，也要注重个人的身心健康。该目标涉及压力管理、健康生活习惯和心理健康等，是实现长期职业发展的基础。

7. 社会贡献和影响目标

随着职业生涯的进展，在追求个人成就的同时，人们也逐渐注重其工作和行为对社会的正面影响。该目标关注于个人如何通过其职业活动为社会作出积极贡献，反映了个人的价值观和社会责任感。

通过理解和设定以上这些目标，我们可以更加全面地规划自己的职业生涯，确保在实现个人职业发展的同时，也能贡献于社会，保证个人的健康和福祉，实现全面发展。

四、职业目标融合与调整策略

在职业发展的过程中，将长期职业愿景和短期 SMART 目标紧密结合，并在遇到挑战时灵活调整目标，对于实现目标至关重要。以下是一套全面的策略和实用建议，旨在指导我们在职业生涯规划过程中进行有效的设定和跟踪，并根据需要调整目标，以应对职业生涯中的各种挑战。

1. 定义长期职业愿景

明确我们的长期职业愿景，这个愿景将指引我们的职业发展方向。它应是一个能够激发动力的宏观目标，反映出我们的职业价值观、兴趣，以及期望在未来几年乃至几十年里达成的成就。

2. 设立短期 SMART 目标

将我们的长期职业愿景拆解为若干短期 SMART 目标。这些目标应是具体的、可衡量的、可达到的、与长期职业愿景密切相关的，并有明确的完成时间，以确保为实现长期愿景提供了明确的步骤和行动指南。

3. 确保目标的一致性与连贯性

保证所有短期目标与我们的长期职业愿景紧密结合，直接推动长期职业愿景的达成。定期审视这些目标，以保持它们的连贯性和一致性。

4. 定期评估与调整

随着职业道路的进展及外界环境的变化，持续对我们的长期职业愿景及短期 SMART 目标进行审查和调整，以确保它们的持续相关性和可达到性。

5. 应对挑战时的目标调整

（1）深入分析未达到目标的原因，包括外部环境变化、资源限制或其他阻碍因素。

（2）结合对挑战的分析，重新考虑目标实现的可能性，调整目标以符合当前实际情况。

（3）制订新的行动方案，包括改变实施策略、寻找新资源或重新分配现有资源等。

（4）在调整我们的目标和计划时要迅速，确保它能够灵活适应变化。

（5）在调整目标的过程中应寻求导师、亲友或职业规划师的意见和支持。

（6）无论进步大小，都应对自己予以认可和鼓励，以保持积极的态度和持续的动力。

6. 保持灵活性与开放性

保持寻求新机遇的开放性和应对挑战的灵活性。在面对不可预见的事件时，快速调整目标和计划，确保我们的职业发展目标不受阻碍。

通过实施以上这些策略，我们可以确保自己的行动始终与长期职业愿景保持一致，即便在追求短期目标时，也能避免偏离最终的职业愿景。积极面对职业生涯中的挑战，将使我们不断前进，逐步达到职业发展的各个阶段目标，持续获得个人的职业成长。此过程不仅有助于我们实现具体的职业目标，也促进了我们对职业生涯规划深度的理解和应用，为未来的成功奠定坚实的基础。

知识拓展

一、OKRs 法及其与 SMART 目标设定法的结合应用

在当今快速变化的职业环境中，精准的目标设定和管理对于个人职业发展至关重要。OKRs（Objectives and Key Results，目标与关键成果）法和 SMART 目标设定法是两种被广泛认可和应用的方法，它们各自拥有独特的优势。将它们结合使用，能够为个人和组织提供一个更加全面和灵活的目标管理框架。

1. OKRs 法的概念和组成部分

OKRs 法是一种目标设定和跟踪的策略，旨在帮助个人和组织设定、监控并实现目标。这种策略主要包括以下两个核心组成部分。

（1）目标（Objectives）

具有启发性和指导性的目标设定可明确阐述追求的成就，它是定性的，旨在概述个人或组织的长期职业愿景和战略目标。

（2）关键成果（Key Results）

关键成果是用于衡量目标是否达到的具体的、可量化的指标。它是定量的，为目标的实现提供了可衡量的、客观的评估标准。

2. 结合 OKRs 法与 SMART 目标设定法进行目标管理

以下是结合 OKRs 法与 SMART 目标设定法进行目标管理的几种方式。

（1）目标设定

利用 SMART 原则为 OKRs 法中的目标制定清晰和具体化的标准，确保每项目标具有具体性、可衡量性、可达到性、相关性和时限性。

（2）关键成果优化

通过 SMART 原则对 OKRs 法的关键成果进行进一步的细化，保证这些关键成果不仅与目标紧密相关，而且可具体、可量化，并具有确定的完成时限。

（3）灵活性与适应性加强

OKRs 法注重灵活性与适应性，而 SMART 目标设定法则提供了明确、具体的操作指南。将两者融合应用，可以同时保证目标管理的灵活性、适应性与执行的具体性、可操作性。

（4）进度监控与及时调整

根据 SMART 目标设定法中的可衡量性要素，定期对 OKRs 法的进展进行监控和评估。根据实际情况和环境的变化，适时对目标或关键成果进行调整，以确保目标管理的实时性和适应性。

（5）长、短期目标协调

OKRs 法主要用于明确长期的目标和愿景，而 SMART 目标设定法则侧重于短期和具体行动计划的制订。通过结合两者，可以实现长期愿景与短期目标的有效对接，促进目标的全面实现。

通过上述结合应用方式，个人和组织不仅能够设定清晰的、有挑战性的长期目标，还能通过一系列具体的、可操作的短期行动计划稳步实现这些目标。这种方法增强了目标管理的灵活性和有效性，使个人和组织能够更好地适应未来的职业发展需求，实现职业目标和职业生涯的成功发展。

二、数字化工具在跟踪和管理 SMART 目标中的应用

在现代职场中，有效地设定和管理职业目标对于个人发展至关重要。随着科技的进步，多种数字化工具应运而生，为职业生涯规划和目标管理提供了极大的便利和支持。以下是一些常见的数字化工具及其详细介绍，这些工具能够帮助我们有效地跟踪和管理自身的 SMART 目标。

1. 任务管理软件

（1）钉钉：一个由阿里巴巴集团打造的企业级智能移动办公平台。它不仅能提供即时消息服务，还包含任务分配、日历安排和文档共享等功能，使团队协作更加高效。

（2）滴答清单：一个帮助用户高效完成任务和规划时间的应用。它允许用户创建任务清单、设置截止日期和优先级，并通过提醒功能确保任务能按时完成。它的界面简洁，用户体验良好，非常适合个人的时间和任务管理，滴答清单主界面如图 5-3-2 所示。

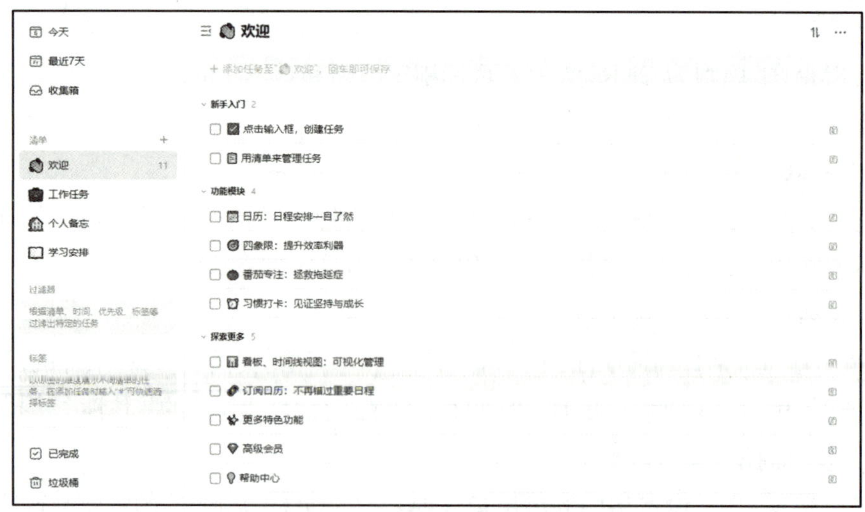

图 5-3-2　滴答清单主界面

2. 进度跟踪应用

块时间：一款集日历、任务和事件管理于一体的应用。它通过视觉化的时间块帮助用户规划和跟踪每日任务，非常适合希望通过时间管理提高生产力的用户，块时间界面如图 5-3-3 所示。

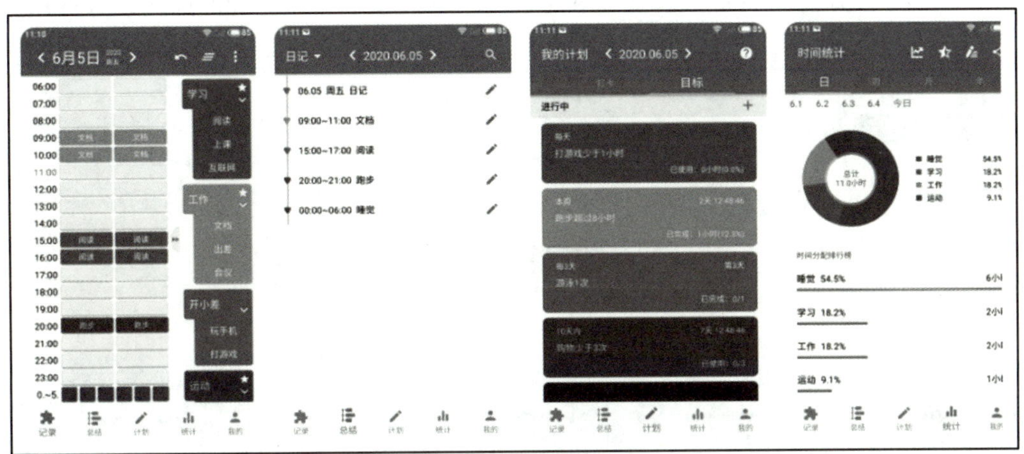

图 5-3-3　块时间界面

3. 日历和提醒工具

腾讯文档：一款可多人同时编辑的在线文档应用。它提供了集成的日历和提醒功能，支持文档，表格和演示文稿的在线协作。它允许用户轻松安排会议，设置任务截止日期，并通过云端同步，确保团队成员能及时获取更新信息。腾讯文档模板界面如图 5-3-4 所示。

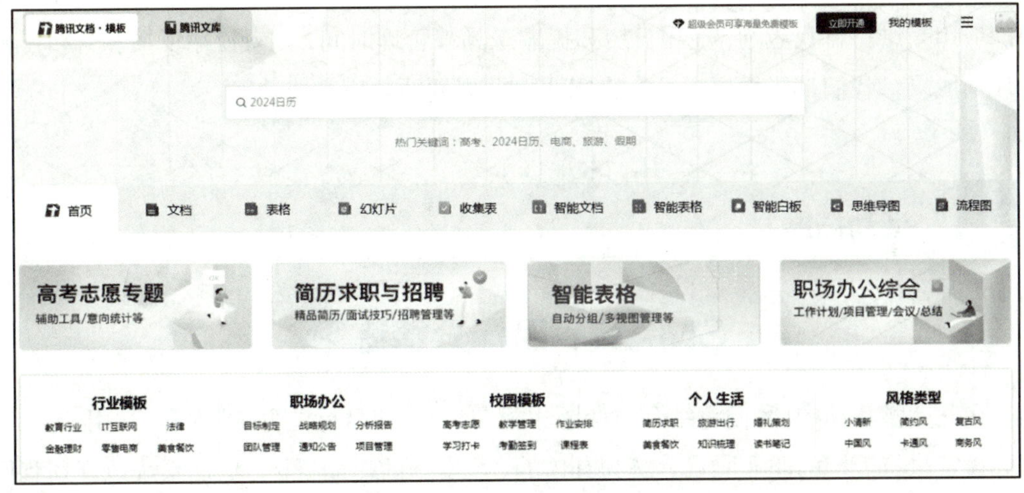

图 5-3-4　腾讯文档模板界面

4. 反馈和分析工具

问卷星：一个专业的在线问卷调查、考试、测评、投票平台。它覆盖市场调研、用户满意度调查、员工调查、教育评估等多个领域，旨在为用户提供便捷、高效的问卷设计、分发及数据分析服务。它强调用户体验和问卷的逻辑性，支持复杂的逻辑跳转和条件分支功能，使调查过程更加智能化和个性化。问卷星创建调查界面如图 5-3-5 所示。

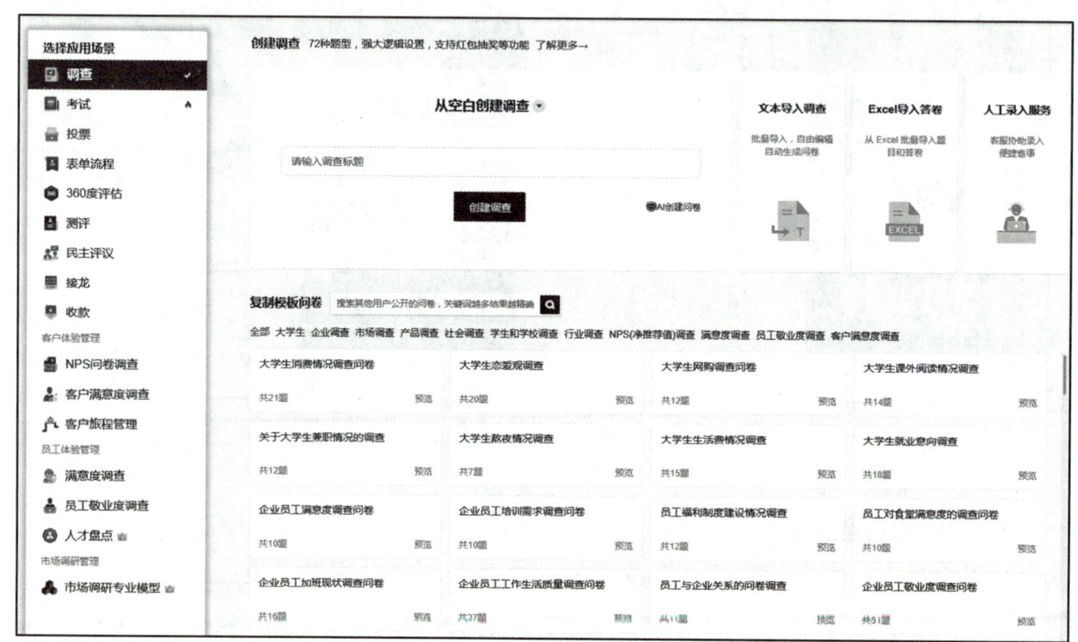

图 5-3-5　问卷星创建调查页面

通过对以上这些工具的综合应用，如使用任务管理软件来组织日常工作，使用进度跟踪应用来维持自我激励，使用日历和提醒工具来管理时间，或者使用反馈和分析工具来评估成果，我们都能大幅提升个人职业生涯规划的效率和成功率。

活动拓展

SMART 目标分解练习

在此课堂活动中，我们将结合本课题相关知识“职业目标的分类”内容，利用 SMART 目标设定法将笼统的职业愿景分解为具体的、可实施的短期目标。更加系统地规划我们的职业生涯，并确保我们的目标计划既符合长期职业愿景，又具备可操作性。

一、活动目标

1. 深入理解 SMART 目标设定法的五个核心要素。
2. 学会将职业目标的分类应用于个人的职业目标分解中。
3. 掌握将长期职业愿景分解为短期 SMART 目标的方法。

二、活动时间

35 min。

三、活动步骤

活动步骤见表 5-3-1。

表 5-3-1　活动步骤

步骤	具体要求
理解 SMART 目标设定法	教师通过讲解和示例，确保学生理解 SMART 目标设定法的五个核心要素
职业目标分类	基于模块五课题二的课后作业，细致梳理我们所选目标岗位及未来职业愿景的相关信息。参照本课题相关知识“职业目标的分类”内容，对信息进行系统分类，并将详细内容填写到职业目标分类表（见表 5-3-2）中
填写 SMART 目标分解表	从表 5-3-2 中选择一个我们认为最重要的职业目标类型。运用 SMART 目标设定法对该类型的职业愿景进行目标分解，将其转化为若干个具体的、可衡量的、可达到的、相关的，并设定了明确时间限制的短期目标，将相关内容填写到 SMART 目标分解表（见表 5-3-3）中
小组分享与讨论	各小组在组内分享小组成员各自的职业愿景及相应的短期 SMART 目标，小组成员之间就各自目标的实现可能性、潜在挑战，以及克服这些挑战的策略进行深入讨论
总结与反馈	在各小组讨论结束后，每组选派一名代表分享讨论要点；教师总结 SMART 目标设定法在职业目标设定中的重要性，并对学生的目标设定提供反馈与建议

表 5-3-2　职业目标分类表

职业目标类型	职业愿景描述
教育和学习目标	例：希望能够掌握更多专业知识和技能，成为行业内的专家
社会资源目标	例：想要建立广泛的行业联系，与各界精英建立良好的合作关系
职务目标	例：期望在未来几年内能够晋升为部门经理，负责重要项目
经济目标	例：希望通过 3～5 年的努力，获得理想的月薪
个人成长和发展目标	例：希望能全面提升个人软实力，如领导力、沟通能力等
健康和福祉目标	例：希望能够保持工作与生活的平衡，拥有健康的生活方式
社会贡献和影响目标	例：希望通过自己的努力为社会带来积极的变化，成为行业内有影响力的人物

表 5-3-3 SMART 目标分解表

<table>
<tr><td colspan="2">职业愿景描述（从职业目标分类表中选出一个对你来说最重要的职业目标类型，并对选定类型的具体职业愿景进行深入描述）：</td></tr>
<tr><th>思考角度</th><th>细化内容</th></tr>
<tr><td>具体性：
（1）该目标描述是具体的还是模糊的？
（2）如何使该目标更加具体？</td><td>具体目标描述：</td></tr>
<tr><td>可衡量性：
（1）如何衡量该目标是否可以完成？
（2）可衡量的标准是什么？</td><td>衡量标准描述：</td></tr>
<tr><td>可达到性：
（1）该目标是否可以实现？
（2）该目标需要哪些资源或技能来实现？</td><td>可达到性描述：</td></tr>
<tr><td>相关性：
（1）该目标如何与个人或职业发展目标相关？
（2）为什么该目标对你来说非常重要？</td><td>相关性描述：</td></tr>
<tr><td>时限性：
（1）该目标是否设定了具体的完成日期？
（2）该目标的时间分配是否合理？</td><td>时限性描述：</td></tr>
<tr><td colspan="2">SMART 目标分解（基于你的职业愿景描述，将其分解为一系列具体的、可衡量的、可达到的、相关的，并设定了明确时间限制的短期目标）：
（1）

（2）

（3）

（4）

（5）</td></tr>
</table>

课后作业

应用 SMART 目标设定法分解个人职业目标

本作业将通过深入实践，加深我们对将职业愿景具体化、量化、可行化、关联化及时间化过程的理解，使我们能更有效地规划自己的职业生涯发展路径，确保我们的职业目标既具有前瞻性又易于实施。

一、回顾职业愿景

回顾在模块五课题二中记录的目标职业，利用本课题相关知识“职业目标的分类”内容，对我们的职业愿景进行细致的分类和描述，确保每个职业愿景都能够被准确地归入相应的分类中。

二、分解职业目标

根据自己的兴趣和需要，选择三个职业愿景维度，使用SMART目标设定法将每个职业愿景细化为具体的短期SMART目标。对于每个选定的维度，至少定义一个短期SMART目标，并确保这些目标满足SMART目标设定法的所有要求。职业目标分解示例见表5-3-4。

表5-3-4 职业目标分解示例

假设我们的一个职业愿景为： “在未来几年内成为一名成功的软件工程师，并在行业内建立良好的声誉。”	
SMART目标设定法核心要素	**具体目标描述**
具体性	在未来两年内，通过完成至少两个大型软件开发项目和参加行业相关网络研讨会，来提升我的编程技能和行业知识
可衡量性	成功交付两个大型软件开发项目，并至少参加五次行业内的网络研讨会
可达到性	通过每周至少投入20 h的时间来学习编程和软件开发技能，以及积极参与行业社群，我可以实现这个目标
相关性	这个目标将直接帮助我在软件工程领域获得专业知识和声誉，为成为一名成功的软件工程师奠定基础
时限性	在接下来的两年内完成这些目标，具体来说，是到×年×月×日之前完成
SMART目标示例	在接下来的两年内，我将通过完成至少两个大型软件开发项目，并至少参加五次行业内的网络研讨会，提升我的编程技能和行业知识。我计划每周至少投入20 h的时间来学习和实践编程，并积极参与行业社群，这将直接帮助我在软件工程领域获得专业知识和声誉，向成为一名成功的软件工程师迈进

三、反思与总结

完成职业目标分解后，深入思考以下问题：

1. 在将职业愿景分解为短期目标的过程中，你遇到了哪些挑战？
2. 你是如何应对这些挑战的？
3. SMART目标设定法在你的职业目标设定过程中起到了哪些作用？
4. 你如何评估SMART目标设定法在职业生涯规划中的应用价值？

课题四　利用 GROW 模型制订职业发展计划

学习指引

在本课题中，我们将深入探讨 GROW 模型在职业生涯规划中的应用，掌握如何系统地规划自己的职业发展。通过学习本课题，我们将学会使用 GROW 模型的四个步骤来明确自己的职业目标，评估当前的职业现状，探索各种可能的职业路径，并最终制订具体的行动计划。此外，通过完成个人职业生涯规划报告，我们能够将课堂学习与个人职业生涯规划实践结合，从而深化对课程学习内容的理解，明确自己的职业目标和发展路径，为未来的职业生涯制订清晰的行动计划。

学习目标

1. 理解 GROW 模型的概念及其在职业生涯规划中的重要性。
2. 掌握 GROW 模型在职业生涯规划中的应用策略。
3. 能综合运用 GROW 模型与其他职业生涯规划工具进行职业生涯规划。

建议学时

2 学时。

思维导图

本课题的思维导图如图 5-4-1 所示。

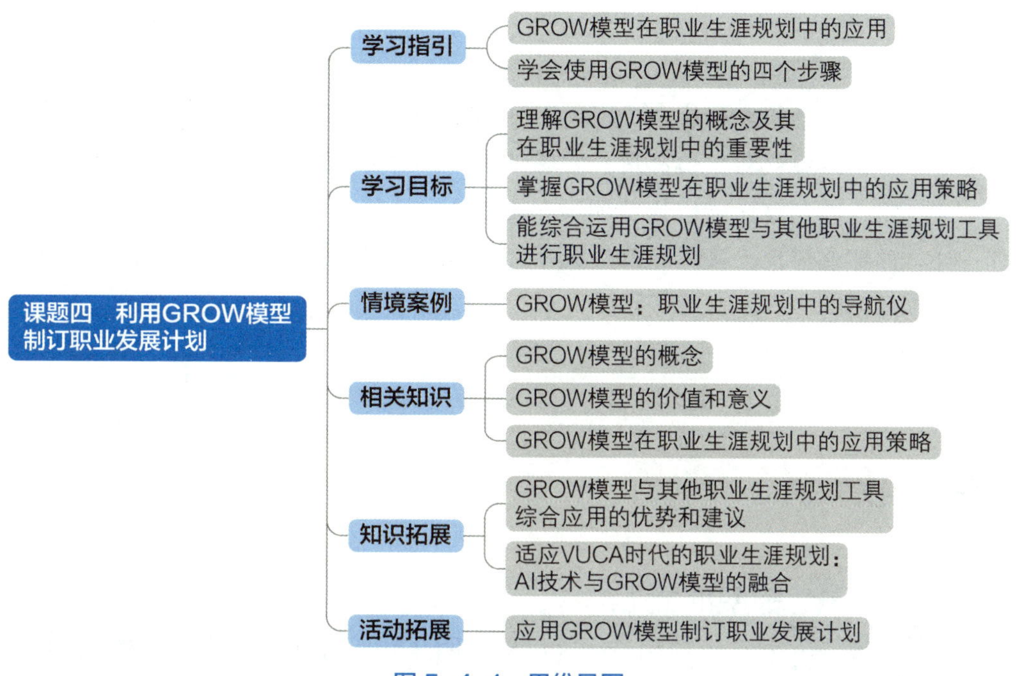

图 5-4-1 思维导图

情境案例

GROW 模型：职业生涯规划中的导航仪

小杨是一名某职业院校交通运输专业的学生，他在面对个人职业生涯规划的重大决策时感到十分迷茫。虽然他已经进行了对自我与职业的深入探索，并运用 SWOT 分析法、职业生涯决策平衡单，以及 SMART 目标设定法等工具进行了初步的自我评估和目标设定，但他发现自己仍难以将这些零散的认知和目标转化为一个连贯且实际的行动计划，这让他对如何达成自己的职业梦想感到迷茫和无助。

经职业规划师推荐，小杨通过 GROW 模型明确了职业目标，客观评估当前的职业现状，探索各种可能的职业发展路径，并制订详细的行动计划，将之前零散的个人认知和职业目标整理成一个有条理的、可操作的行动计划。他不再感到迷茫，反而因为有了明确的方向和行动计划而行动力大增。通过系统化的规划和脚踏实地的行动，小杨不仅成功地找到了他梦想中的工作，而且在工作中表现出色，得到了同事和上司的高度评价。

【情境分析】

小杨的经历展示了 GROW 模型作为一种结构化和系统化的工具在职业生涯规划中的应用。它能够帮助我们明确职业目标，选择合适的策略，并制订详细的行动计划。通过这一过程，我们能够在不确定和复杂的职业环境中实现职业发展目标，从迷茫到有目的、有计划地迈向成功的职业生涯。

相关知识

一、GROW 模型的概念

GROW 模型是一种广泛应用于个人发展和团队管理的目标设定和问题解决框架。它通过以下四个步骤引导用户从当前状态向预期目标迈进。

1. 目标设定（Goal）

在此阶段，个人或团队会明确其追求的具体目标。这些目标需要是清晰和明确的，既可以是短期的也可以是长期的，但是它们要与个人的愿望或团队的目标一致。应用 SMART 目标设定法来设定目标，可确保目标既有挑战性又实际可行。

2. 现实评估（Reality）

在此阶段，要诚实地评估当前的情况和环境，包括个人能力、资源、限制因素，以及可能影响目标实现的外部条件。进行 SWOT 分析有助于全面理解面临的挑战和机遇，为后续的决策提供数据支持。

3. 选项探索（Options）

在此阶段，通过创造性思维探索实现目标的所有可能途径。此阶段鼓励开放式讨论和头脑风暴，以识别多种潜在的解决方案。评估每个选项的可行性、风险和收益，以确定最适合实际情况的策略。

4. 行动计划（Will/What Next）

基于前面的分析，制订具体的行动计划。明确行动步骤、时间安排和责任分配，同时设定可衡量的里程碑和评估指标。保持计划的灵活性，以便根据实际进展和外部变化及时进行调整。

GROW 模型通过明确的目标设定、深入的现实评估、广泛的解决方案探索，以及具体的行动计划制订，有效提升了达到目标的可能性和效率，帮助我们在面对各种挑战时找到清晰的方向和可行的解决策略。

二、GROW 模型的价值和意义

GROW 模型作为一种广泛应用于个人发展和职业生涯规划的工具，通过结构化的步骤为我们提供了一个清晰的从目标设定到实施行动的路径，其价值和意义体现在以下几个方面。

1. 目标导向性

该模型从明确的目标设定开始，确保所有行动和资源投入都旨在实现这一目标，提高了行动的针对性和效率。

2. 现实检视

该模型通过对当前情况的客观评估，帮助个人或团队识别自身的能力、资源和面临的外部环境条件，理解潜在的挑战和机遇。

3. 方案多样性

该模型在选项阶段鼓励发挥创新思维和开放讨论，探索多种路径和策略以达到目标，提高成功的机会。

4. 行动实施

该模型强调将计划转换为具体行动，通过明确的行动步骤、时间表和责任分配，确保目标可以实现。

5. 适应性和灵活性

该模型指导个人或团队根据反馈和环境变化灵活调整目标和计划，提升应对不确定性和快速变化的环境的能力。

6. 自我反思和成长

该模型不仅助力目标实现，也促进个人的自我发现和成长，帮助个人深入理解自身的价值观、兴趣和潜能，支持职业生涯的持续发展。

通过将 GROW 模型融入职业生涯规划和个人发展计划，个体和团队能够更系统地思考和行动，有效地实现职业目标和获得成长。

小贴士

VUCA 时代：应用 GROW 模型应对不确定性

VUCA 是 volatility（波动性）、uncertainty（不确定性）、complexity（复杂性）

和 ambiguity（模糊性）的缩写，这一概念自 20 世纪 90 年代起开始广泛应用于商业和组织管理中，它强调面对不断变化的职业环境和行业格局，个人及组织所面临的挑战。

（1）波动性：环境的快速变化要求个人和组织能够迅速适应它，以应对不可预见的情况。

（2）不确定性：未来的不确定性要求个人和组织在进行职业生涯规划时采用更加有战略性的思考和规划方式。

（3）复杂性：决策过程中涉及的因素变得更加复杂，这要求个人和组织全面考虑多种因素和它们之间的相互作用。

（4）模糊性：信息不完整或不明确使做出清晰决策更加困难。

在这个充满挑战的 VUCA 时代，寻求新的方法以适应和应对变化成为了人们的迫切需求。GROW 模型作为一种灵活且高效的工具，提供了一个清晰的框架，助力个人和组织在复杂多变的环境中制定有效策略，优化决策过程。

三、GROW 模型在职业生涯规划中的应用策略

GROW 模型在职业生涯规划中的应用为个人提供了一个从目标设定到实施行动的完整框架，若将其结合 SMART 目标设定法和 SWOT 分析法，可进一步增强其实用性和效果。GROW 模型在职业生涯规划中的应用策略如下。

1. 目标设定

结合 SMART 目标设定法以确保职业目标具体、可衡量、可达到、具有相关性及时限性，提高目标实现的可能性，并有效减少拖延。通过将宏大的职业目标分解成小步骤或子目标，并为每个小步骤设定明确的完成时间，行动将更加容易开始且具有可行性。

2. 现实评估

结合 SWOT 分析法全面识别自身的优势、劣势、面对的机会和潜在的威胁，确保对职业现状有一个全面的认识。对可用资源进行详尽评估，包括时间、资金、技能和人脉网络，同时探索创造性的解决方案以克服资源的限制。

3. 选项探索

运用头脑风暴技巧激发创新思维，广泛探索达到职业目标的多种可能路径。基于每个选项的可行性和潜在影响进行评估，按优先级顺序安排行动策略。

4. 意志和行动

在之前分析的基础上，制订详细的行动步骤，明确时间表和关键里程碑，通过设定

里程碑成就和庆祝进展，增强实现职业目标的动力。

5. 监测和调整

在实施过程中遇到任何意外和挑战，应保持行动计划的灵活性，根据实际情况对其做出调整。预见并评估外部环境变化可能带来的风险，制定相应的应对策略以降低风险影响。

通过综合运用GROW模型、SMART目标设定法和SWOT分析法，我们可以为自己的职业生涯规划提供一个全面的、系统的指导框架。此框架适用于职业生涯规划的各阶段，可帮助个人和团队在不断变化的职业环境中做出明智决策，制订有效行动计划，从而成功实现职业目标。

知识拓展

一、GROW模型与其他职业生涯规划工具综合应用的优势和建议

在职业生涯规划和个人发展过程中，将GROW模型与SWOT分析法、SMART目标设定法结合使用，能够显著提高目标设定和实现的效果。

1. 综合应用的优势

（1）全面的目标设定：将SMART目标设定法和GROW模型结合，可确保目标明确且实际，并具有相关性和时效性，为成功奠定基础。

（2）深入的现实评估：使用SWOT分析法能深入理解个人或团队的当前状态和环境位置，为选择实现目标的途径提供依据。

（3）有效的行动规划：在有明确的目标和深入的现实评估的基础上，制订的行动计划针对性强、可执行性高，能增加实现目标的可能性。

2. 实施建议

在职业生涯规划和个人发展中，建议采取以下步骤来确保综合方法的有效实施。

（1）寻求GROW模型、SWOT分析法和SMART目标设定法的培训和指导，确保能理解和应用这些工具。

（2）设置定期回顾机制，寻求反馈和建议，调整目标和行动计划以应对环境变化。

（3）寻求必要的资源和支持，包括时间、信息和专业指导，以促进目标的有效实现。

（4）鼓励创新思维，探索非传统的解决方案和路径，以应对复杂和不确定的职业环境。

通过结合GROW模型、SWOT分析法和SMART目标设定法，形成一个连贯、系统的目标设定与实现过程，我们可以清晰地识别职业目标，有效评估现实情况，探索所有可能的行动选项，并制订具体、可行的行动计划，最终达到既定目标。

二、适应 VUCA 时代的职业生涯规划：AI 技术与 GROW 模型的融合

在 VUCA 时代下，尤其是在现在快速发展且持续创新的市场环境中，传统职业生涯规划方法已难以满足快速变化的市场和职业发展需求。AI 技术的深度数据分析和个性化推荐增强了职业生涯规划的适应性和前瞻性，使我们能够根据最新市场趋势和个人能力实时调整职业目标和行动计划。AI 技术与 GROW 模型的融合具体体现在以下几点。

1. 目标设定

目标识别：利用数据分析和机器学习，AI 技术可帮助我们识别强项、兴趣及适合的职业发展趋势。如 Linkedin（领英）平台通过对用户行为和行业趋势分析，提供个性化的职业发展建议；智联招聘等平台也采用 AI 技术提供类似服务，通过分析大量职业数据，为用户推荐匹配的职业路径和发展机会。

实时市场趋势分析：AI 驱动工具如 Glassdoor（用于企业点评与职位搜索的职场社区）和脉脉（一款移动端的人脉社交应用），提供市场趋势和需求的实时数据，辅助我们根据最新职业方向设定目标。

2. 现实评估

技能与能力自评：AI 技术可用于个人技能和能力的自评，帮助我们准确了解职业发展定位，提供个性化的职业路径和技能提升建议。

3. 选项探索

职业路径推荐：AI 平台可根据个人的技能和经验推荐可能的职业路径。这些平台利用用户的使用历史和偏好推荐相关的课程和认证，助力用户的职业发展。

4. 行动计划

行动计划制订：如使用钉钉辅助制订详细的行动计划，设定提醒、跟踪进度，确保目标实现。

定制化学习资源：如网易云课堂提供定制化的学习资源和培训计划，支持技能发展和职业成长。

随着全球化和技术进步，AI 技术的融入不仅优化了职业生涯规划流程，还拓宽了职业发展的视野。各类 AI 工具和平台使用户能够接触到更广泛的职业信息，获得定制化的发展建议，探索多元化和个性化的职业路径。这些工具的普及提高了职业生涯规划的效率和准确性，赋予了我们在职业探索旅程中更大的信心和动力。

AI 技术与 GROW 模型的融合，不仅标志着对未来职业生涯规划方法的创新探索，还为我们在不断变化的全球职业环境中规划自己的职业道路提供了一种更科学、更高效且具有灵活性和效率的策略，帮助我们适应全球化和技术变革带来的挑战，使我们能够充分利用技术进步提供的机遇，为自身职业发展描绘出更广阔、更多元的路径。

AI 技术的革新代表了对未来职业生涯规划方式的深刻洞察和革新，它让职业生涯规划服务超越了传统模式，走向更科学化、个性化的方向，有效地匹配个人能力和市场需求。随着 AI 技术的持续进步和深入应用，个人职业生涯规划将转变为更精细化、动态化的过程，引导着每个人走向更成功和更充实的职业生涯。

活动拓展

应用 GROW 模型制订职业发展计划

在此课堂活动中，我们将学习如何利用 GROW 模型来制订自己的职业发展计划，并掌握在不同阶段运用 GROW 模型的技巧和策略。

一、活动目标

1. 理解 GROW 模型的四个步骤。
2. 能够使用 GROW 模型制订个人职业发展计划。

二、活动时间

40 min。

三、活动步骤

活动步骤见表 5-4-1。

表 5-4-1 活动步骤

步骤	具体要求
回顾学习成果	教师邀请学生回顾他们如何利用 SWOT 分析法进行职业决策，如何通过职业生涯决策平衡单评估职业选择，以及如何应用 SMART 目标设定法分解职业目标
理解 GROW 模型	教师通过讲解和示例，帮助学生理解 GROW 模型的每个步骤，以及如何在不同步骤中运用模型来提升职业生涯规划的效果
思考和整理	结合课程前期的学习内容及学习成果，独立思考自己的职业目标，并评估当前的职业现状，探索不同的职业发展选项，考虑各种可能的路径和策略。通过在白纸上绘制思维导图的形式来组织相关信息

续表

步骤	具体要求
制订行动计划	制订一个具体的个人职业生涯规划行动计划表（见表 5-4-2），包括实现目标的具体行动项、截止日期和所需资源等。个人职业生涯规划行动计划表样例见表 5-4-3
小组讨论与分享	各小组在组内分享个人职业生涯规划行动计划表，小组成员提供反馈和建议，共同讨论如何优化和实现这些计划
总结与反馈	各小组选出一名代表分享他们的职业生涯规划行动计划和讨论要点；教师总结 GROW 模型在职业生涯规划中的应用，并提供专业的反馈和建议

表 5-4-2　个人职业生涯规划行动计划表

行动编号	行动项	截止日期	所需资源	进度跟踪
1				
2				
3				
4				
5				

表 5-4-3　个人职业生涯规划行动计划表样例

行动编号	行动项	截止日期	所需资源	进度跟踪
1	寻找并参加相关培训，提升专业技能	（日期）	培训课程、时间、资金	（进度百分比）
2	构建职业网络，寻找行业导师	（日期）	联系方式、会议安排	已安排/待跟进
3	准备并提交职位申请	（日期）	简历、求职信	已提交/待反馈
4	参与志愿者工作或实习以积累经验	（日期）	位置信息、申请材料	（进度百分比）
5	定期反思和调整职业生涯规划	每月/季度	反思日记、职业生涯规划	（更新日期）

说明：

（1）行动编号：为每个行动项分配一个唯一编号，便于跟踪和引用。

（2）行动项：描述需要执行的具体行动，应尽可能具体。

（3）截止日期：为每个行动项设定一个实际的完成日期，增加执行行动项的紧迫感。

（4）所需资源：列出实施该行动项所需的资源，包括物质资源、信息资源和人力资源等。

（5）进度跟踪：记录行动项的实施进度，可以是完成百分比，或对是否已安排或已提交等状态的描述，便于定期检查和调整。

课后作业

编制个人职业生涯规划报告

本作业为编制个人职业生涯规划报告，综合应用本教材所包含的全部知识和工具，深入理解自我、明确职业目标，并制订实现这些目标的具体策略和行动计划。

一、编制指引

在编制个人职业生涯规划报告时，我们可以按照以下模块和步骤来组织和规划内容，以确保报告全面且具体。

1. 自我认知与评估

评估和总结自己的价值观、兴趣、技能和性格。讨论这些个人特质是如何影响我们的职业选择和未来规划的。

2. 职业定位与分析

分析和选择吸引我们的职业岗位，评估自己对这些岗位的胜任力。进行职业选择与人岗匹配，明确我们的职业定位。

3. 数字技术与职业信息管理

描述如何利用数字技术搜集和分析职业信息，包括行业趋势、岗位需求和技能要求等。解释这些信息是如何帮助我们做出更为明智的职业决策和规划的。

4. 职业生涯人物访谈的准备与实施

概述我们准备和实施职业生涯人物访谈的经验，包括访谈的目的、过程和收获。

5. 职业决策与生涯规划

整合SWOT分析法、职业生涯决策平衡单、SMART目标设定法和GROW模型，制订一份具体的职业发展计划。明确短期和长期目标，制订实现这些目标的策略和行动计划。

二、撰写报告（三年规划版）

根据编制指引，撰写个人职业生涯规划报告，篇幅为2000～3000字，报告应包含以下所有部分，内容条理清晰，逻辑严谨。

1. 引言

简要介绍自己及撰写职业生涯规划报告的目的。

2. 自我认知总结

总结个人的价值观、兴趣、技能和性格，分析这些因素是如何影响未来3年的职业选择和规划的。

3. 职业目标

明确并使用SMART目标设定法设定未来3年的职业目标，包括期望达到的职位、进入的行业及提升的职业技能等方面。

4. 现实情况分析

利用SWOT分析法对自身实现职业目标的优势、劣势、机会和威胁进行分析。

5. 职业信息的搜集、整理与分析

描述自己使用数字技术搜集和分析职业信息的过程，信息应涵盖行业趋势、岗位需求和技能要求等。

详细介绍至少一个具体行业或岗位，包括该行业或岗位的未来发展趋势、所需核心技能，以及职业发展路径等。

6. 职业路径探索

基于职业信息分析和个人岗位胜任力评估，探索实现职业目标的多种可能路径和策略。

7. 行动计划

制订未来3年内实现职业目标的详细行动计划，包括短期和长期行动步骤、职业发展策略等。

8. 预期挑战与应对策略

预测在实施职业生涯规划过程中可能遇到的挑战，并提出相应的应对策略。

9. 监测和调整

规划如何定期评估职业生涯规划的执行情况，以及根据反馈和外部环境变化进行调整的策略。

10. 结论

总结学习经验，展望未来的职业发展，反思如何通过持续学习和自我提升实现职业生涯规划的目标。